AF404842

CODE

DES

SUCCESSIONS,

Ou Traité complet sur les dispositions du Code civil relatives aux successions, donations, testamens, partages, etc. avec des modèles des principaux actes, rédigés d'après les formes nouvelles;

Suivi du texte des Lois et de l'exposé des motifs, par les orateurs du Gouvernement, les citoyens TREILHARD et BIGOT-PRÉAMENEU.

Par Auguste **FIRMIGIER-LANOIX,** *Jurisconsulte, de l'Académie de Législation.*

II.e Partie. — DONAT. et TESTAM.

A PARIS,

Chez RONDONNEAU, au Dépôt des Lois, Place du Carrousel.

AN XI. — 1803.

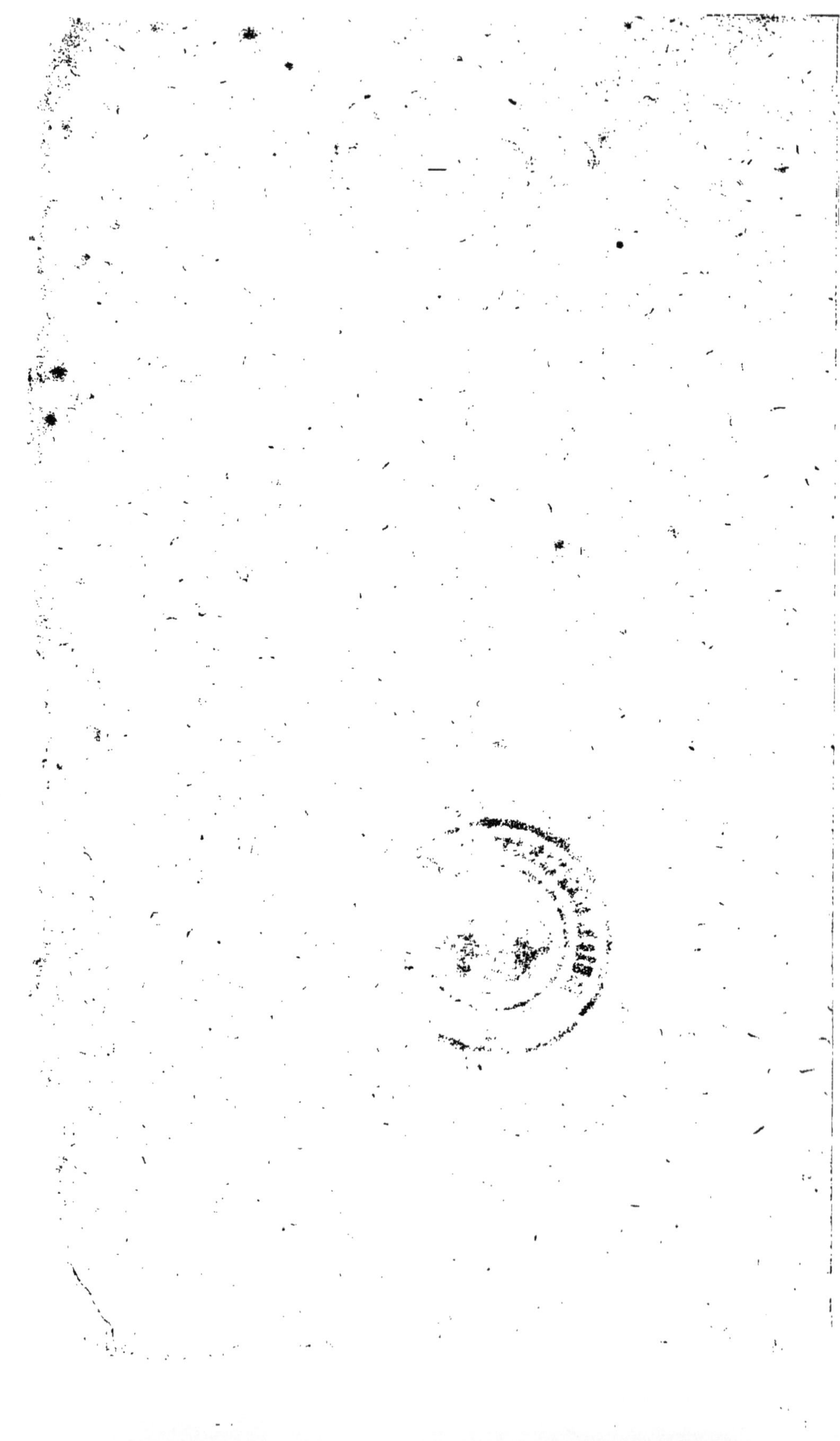

TABLE DES MATIÈRES

Contenues au Code des Successions,
2e. partie.

SUCCESSIONS TESTAMENTAIRES.

CHAPITRE PREMIER.

CHAPITRE II.

DONATIONS ENTRE-VIFS.

CHAPITRE III.

RÈGLES SUR LES TESTAMENS.

CHAPITRE IV.

Dispositions permises en faveur des petits - enfans du testat. ou donat., ou des enfans de ses frères et sœurs.

Partages faits par les ascendans entre les descendans.

Fin de la Table.

LIVRE DEUXIÈME.

SUCCESSIONS TESTAMENTAIRES.

CHAPITRE PREMIER.

CE livre, comme nous l'avons annoncé dans le précédent, est destiné à l'exposition des règles tracées par le législateur, sur la faculté de disposer de ses biens, d'après les circonstances où se trouve le donateur ou le testateur.

Sur la faculté de tester.

Divers philosophes ont long-tems agité la question de savoir s'il est du droit rigoureux de permettre au propriétaire de disposer de ses biens, et de donner à l'acte où il manifeste sa volonté, le pouvoir de régler, même lorsqu'il ne sera plus, les intérêts de ses descendans, ou des hommes en général.

Les uns ont dit que la propriété, tenant à la personne, cesse nécessairement avec la vie;

** Code des Succes. An XI.*　　A

d'autres, que si l'on peut, à cet égard, accorder quelque faveur à celui qui est devenu père, une telle exception, du moins, devrait se restreindre à cette seule classe de citoyens, et ne s'étendre point à l'homme mort sans postérité.

Mais ces instituteurs sévères du genre humain, n'ont pas assez fait attention que la propriété étant essentiellement de convention sociale, c'est évidemment à la société à ordonner, pour le plus grand avantage de tous, de la propriété et de la jouissance des biens, qu'elle seule consacre et protége ; car, comme chacun sait, il n'existe pas de propriété dans l'état sauvage.

Aussi, la plupart des législateurs connus, qui, dans les tems antérieurs, se sont occupés de donner des lois à leur pays, ont-ils fait justice de l'opinion des hommes dont nous venons de parler, exagérée peut-être par excès de philantropie. Solon, par exemple, dont les institutions si profondes et si sages ont imprimé aux lois qu'il fit pour Athènes, un caractère si auguste et si saint ; institutions auxquelles les lois romaines, que nous admirons encore après vingt-deux siècles, doivent peut-être le privilége honorable d'avoir reçu dans la postérité le nom de *raison écrite* ; Solon, en impo-

sant au père le devoir de ne disposer qu'en faveur de ses enfans, permit à l'homme, mourant
sans postérité, de distribuer la totalité de ses
biens ; il prit toutes les mesures possibles pour
lui assurer une entière liberté à ses derniers momens, et le prémunir contre toute espèce de
circonvention (1).

Chez les Romains, nation belliqueuse et
guerrière, la faculté de disposer de ses biens fut
étendue à tous les cas, et ne connut plus de
bornes. Une faible portion fut seule réservée aux
enfans.

La loi romaine a été, pendant les derniers
siècles, exécutée dans toute la partie méridio-
nale de la France. Abrogée par la loi du 5 brumaire an 2, la faculté de disposer a été presque
nulle parmi nous, jusqu'à la loi du 4 germinal
an 8, qui l'a rétablie avec des restrictions.

Le nouveau code, enfin, en a réglé l'exercice

––––––––––––––––––––

(1) Quelquefois des raisons de politique ont
porté les législateurs à établir certaines restrictions
à la faculté de disposer des biens, ou même de les
vendre ; mais c'est par exception. En général, chez
les peuples civilisés connus, la faculté de disposer
est admise, avec les modifications que demandent
le climat, le commerce et les mœurs.

d'une manière plus méthodique et plus sûre : ses dispositions feront le sujet des sections suivantes.

DISPOSITIONS GÉNÉRALES.

SECTION PREMIÈRE.

§ Ier.

Définition de la donation entre-vifs et du testament.

93. Désormais, on ne pourra disposer de ses biens à titre gratuit, que par donation entre-vifs ou par testament.

La donation entre-vifs est l'acte par lequel le donateur se dépouille actuellement et irrévocablement de la chose donnée, en faveur du donateur qui l'accepte.

Le testament est l'acte révocable, par lequel l'homme dispose de tout ou de partie de ses biens, pour le tems où il n'existera plus. *(art.* 183, 184 *et* 185, *l. des donat. et testam. au c.)*

La donation entre-vifs peut être faite, ou par acte séparé, ou par contrat de mariage ; le testament ne peut l'être que par un acte exprès et consacré, comme nous le verrons plus loin.

§ II.

Conditions imposées au donateur ou testateur.

94. Toute disposition, énoncée dans une donation ou testament, qui serait contraire aux lois ou aux mœurs, ou qui imposerait une condition impossible, est réputée non écrite. *(art.* 190, *l. ib.)*

De même, la disposition par laquelle le donataire, quelque nom qu'il prenne, serait chargé de conserver et de rendre, à un tiers, la chose ou partie de la chose donnée, est nulle, même à l'égard du donataire, pour tout ce qu'il a été chargé de rendre. *(art.* 186, *l. ib.)*

Le testateur ou donateur, en général, doit donc s'interdire toute substitution et autres conditions prohibées, à peine de la nullité absolue de sa libéralité ou donation.

95. Néanmoins, la loi réserve aux père et mère, quant à la quotité disponible, le droit d'indiquer dans les actes de libéralités faites à leurs enfans, par acte entre-vifs ou testamentaire, la volonté où ils sont que les biens donnés

passent aux enfans des donataires, nés ou à naître, au premier degré seulement. (V. le N°. 176 et suiv.)

96. La disposition par laquelle un tiers est appelé à recueillir la chose donnée, dans le cas où le donataire ne la recueille pas, n'est pas regardée comme substitution; et aura son exécution, le cas échéant. *(art.* 188, *l. ib.)*

Ce n'est proprement ici qu'une seconde indication d'héritier, puisque le premier donataire, loin d'avoir à remettre la chose a, au contraire, tout l'intérêt possible à la conserver.

La disposition par laquelle l'usufruit est donné à l'un, et la nue propriété à l'autre, sera de même exécutée.

SECTION II.

Nous allons maintenant examiner les qualités requises dans la personne, soit pour disposer, soit pour recevoir, par disposition entre-vifs ou testamentaire.

§ Ier.

Qualités requises pour disposer.

97. La donation, quelque nom qu'on lui donne, est l'acte qui exige de la part du donateur le plus de réflexion sur lui-même et le plus de cette raison froide qui doit précéder une délibération importante, d'où peut dépendre souvent le malheur ou la félicité de sa vie entière.

La loi exige donc, pour première condition dans le donataire, un esprit sain ;

Qu'il soit majeur et jouissant de ses droits civils ; (l'individu mort civilement, ne pouvant ni donner, ni tester.)

Ou, s'il est mineur, qu'il ait plus de seize ans ; et encore, à cet âge, il ne peut disposer que par testament, et seulement de la moitié des biens dont dispose le majeur.

Si c'est une femme mariée, elle doit être assistée ou autorisée, par consentement spécial du mari, ou par justice, s'il s'agit d'une donation entre - vifs ; pour disposer par testament, les autorisations sont inutiles. (*art.* 191, 192, 193, 194 *et* 195, *l. ib. au code.*)

Ces précautions sont prises, afin de pré-

munir contre toute suggestion, les personnes qui,
par leur caractère, par leur âge ou leur sexe,
sollicitent, d'une manière plus particulière, l'attention protectrice du législateur.

§ II.

Qualités requises pour recueillir l'effet d'une donation, ou d'une libéralité par testament.

98. Pour être capable de recevoir entre-vifs,
il suffit d'être conçu au moment de la donation.

Pour être capable de recevoir par testament,
il suffit d'être conçu à l'époque du décès du
testateur, pourvu que l'enfant conçu soit né
viable. (*art.* 196, *l. ib.* V. le n°. 16, au liv.
I*er*. pag. 24 et 25, pour la détermination ap-
proximative, de l'époque de la conception en général, et des cas où l'enfant naît viable, ou non.)

99. Le tuteur ne peut recevoir de son pupile,
même par testament, la chose à lui donnée.
Il ne peut même recevoir par la donation entre-
vifs, qu'aurait faite le mineur devenu majeur,
tant que le compte définitif de la tutèle n'a pas
été rendu et apuré, à moins que le tuteur ne

soit au nombre des ascendans du mineur. (*art.* 197 , *l. ib.*)

100. Les médecins, chirurgiens et pharmaciens, ne peuvent profiter des dispositions entre-vifs ou testamentaires, qu'aurait faites en leur faveur, dans le cours de la maladie, une personne par eux traitée durant la maladie dont elle meurt.

Sont exceptées les dispositions rémunératoires faites à titre particulier, eu égard aux facultés du disposant, et aux services rendus ;

Les dispositions universelles, dans le cas de parenté jusqu'au quatrième degré inclusivement, si le décédé n'a pas d'héritier en ligne directe ; à moins que le donataire ne soit lui-même au nombre de ces héritiers.

Les mêmes régles sont observées à l'égard des ministres du culte : ils ne peuvent, non plus que les médecins, recueillir le fruit de donations de la part des malades, qu'ils ont entourés et assistés durant la maladie dont ils meurent. (*art.* 199 , *l. ibid.*)

101. L'incapable ne peut recueillir l'effet de la disposition faite à son profit, soit qu'on la déguise sous la forme de contrat onéreux, soit

que, pour la faire, on se serve de personnes inte posées.

La loi désigne par *personnes interposées* les père, mère, enfans et descendans, et l'époux de la personne prohibée. (*art.* 201.)

Nous avons vu les diverses classes de personnes que la loi déclare *incapables :*

Ce sont, en première ligne, les tuteurs, les médecins, chirurgiens ou autres gens de l'art, les ministres du culte ;

Plus, ceux qui ne seraient pas conçus à l'époque de la donation, s'il s'agit de disposition entre-vifs, ou au jour du décès, si c'est l'effet d'un testament que l'héritier est appelé à recueillir.

L'enfant naturel, pour tout ce qui excéderait *la portion* qui lui est attribuée par la loi. (*art.* 198, *l. ibid.*)

L'individu mort civilement est aussi au nombre des incapables. (*art.* 25, *l. de la jouissance et privation des droits civils, au c.*)

L'étranger est dans un état d'incapacité *relative*, c'est-à-dire, qu'il ne recueille que la portion que recueille un Français dans la patrie de l'étranger. (*art* 202, *loi des donations et testamens.*) Nous avons vu ailleurs (n°. 19.) que la loi 2.ᵉ *au code* a établi constamment, à l'égard de l'étranger, pour l'exercice de ses droits civils, un droit particulier, qu'on peut appeler de *réciprocité :* il est toujours traité en France, comme le français l'est dans le pays de l'étranger.

Là se termine ce qu'il est le plus indispensable de savoir sur la capacité et l'incapacité des personnes, relativement à la faculté de disposer et de recueillir l'effet des dispositions.

SECTION III.

DE LA PORTION DES BIENS DISPONIBLES.

§ I.er

Des biens disponibles.

102. La loi a restreint, en général, la faculté de tester, ou de disposer entre-vifs. Ce n'est que dans un très-petit nombre de cas qu'il est permis à l'individu isolé d'user de cette faculté dans toute son intégrité.

Les personnes dont la faculté de disposer et restreinte dans les proportions ci-après, sont les suivantes :

Le père ou la mère ne peuvent disposer que de la moitié de leurs biens, s'ils laissent à leurs décès un seul enfant légitime ; du tiers, s'ils laissent deux enfans ; du quart, s'ils en laissent trois ou plus, quel que soit d'ailleurs le mode de libéralité qu'emploie le disposant. (*art.* 203 , *l. des test. et donations au code.*)

Sous le nom *d'enfans*, existans au jour de la donation, ou du décès du testateur, sont compris tous ceux qui, bien que n'existant plus alors, ont laissé des descendans d'eux, qui les représentent. Seulement, les descendans en quelque nombre qu'ils soient, ne comptent que pour la tête de leur auteur.

Espèce : Pierre Corneille a laissé à sa mort deux enfans vivans et deux petits-enfans, provenus d'un troisième fils prédécédé : il dispose du quart, comme si son troisième fils était existant, et non du tiers, comme s'il ne laissait que deux enfans. Il en serait de même dans e cas où les deux petits-enfans de Pierre auraient été représentés par des descendans d'eux, en plus ou moins grand nombre.

103. La personne qui laisse un ou plusieurs ascendans dans chacune des lignes paternelle et maternelle, ne peut disposer que de la moitié

de ses biens ; et des trois quarts , si elle ne laisse d'ascendans que dans une ligne.

Nous avons déja vu, à la section des successions ascendantes , liv. I.er (*p. 33 et suiv.*) les règles d'après lesquelles les ascendans sont appelés à recueillir les biens de leurs descendans , morts sans postérité.

Ici, l'on voit quelle faculté est laissée à ces descendans eux-mêmes de disposer, dans le cas où ils prédécèdent leurs ascendans, et quelles réserves sont, dans tous les cas, assurées à ces derniers, en supposant que les descendans aient usé, dans toute sa latitude, de la liberté qui leur est accordée.

La loi ne prescrit de réserves qu'en faveur des enfans et des ascendans, et non en faveur d'aucuns collatéraux. A défaut d'enfans et d'ascendans, le donateur ou testateur peut épuiser la totalité de ses biens, par le genre de libéralité qu'il aura préféré. *(art.* 206 *, l. ib.)*

La quotité disponible peut être donnée à toute personne, successible ou non, indistinctement ; et en ce point le donateur jouit d'une liberté pleine et entière ; mais , pour éviter l'inconvénient du rapport , auquel pourrait être tenu le successible, ce qui anéantirait en tout ou en partie l'effet de la libéralité, il est nécessaire, dans le cas où elle porte sur un successible, de stipuler, que le don est fait par préciput et *hors part.* (art. 2c9, *l. ib.* V. le n°. 66, sect. des rapp.)

CAS PARTICULIER.

§ IV.

Donation pieuse.

104. A l'égard des dons faits entre-vifs ou par testament, au profit d'hospices ou des pauvres d'une commune, la loi dispose que ces dons ne devront être acceptés que sur une autorisation particulière du gouvernement. (*art.* 200, *l. ib.*)

Les dons et legs de cette classe n'en suivent pas moins la règle commune sur la disponibilité, c'est-à-dire, qu'ils ne peuvent se prendre que sur la quotité disponible, et sont réductibles s'ils excèdent cette quotité.

SECTION IV.

RÉDUCTION DES DONATIONS ET LEGS.

Objet de la réduction. Combien de sortes de réductions.

La faculté de disposer, telle qu'elle est réglée par la loi, et que nous venons de l'exposer dans la précédente section, une fois bien determinée, il reste à examiner le mode d'après lequel les réductions doivent s'opérer, lorsque les libéralités du défunt ont excédé les bornes qui lui sont prescrites.

La réduction est de deux sortes : réduction des dons et legs, en faveur des héritiers naturels, qui est absolue ; réduction subséquente, entre les donataires et légataires, qui est relative.

Ces deux espèces de réduction, quoique dépendantes l'une de l'autre, ne se confondent pas. La première a lieu, sans acception de personnes et sans égard à la qualité de donataires, ou de légataires de ceux sur qui elle doit porter. La loi assurant à une classe d'héritiers naturels, (les ascendans ou les descendans), une portion déterminée dans la succession du défunt, cette portion doit toujours revenir intacte à ceux auxquels elle est destinée. Ensuite, d'après les règles établies à leur égard, les héritiers du second ordre, c'est-à-dire, les donataires et les légataires doivent contribuer suivant leurs qualités, pour cette réintégration, si le testateur ou donateur n'en a disposé autrement à l'égard de quelques-uns d'eux.

§ Ier.

Des personnes qui ont droit de demander la réduction.

105. La loi déclare que ceux-là seuls, au profit desquels elle a stipulé la réserve, ou leurs héritiers, pourront demander la réduction ; les donataires, légataires et créanciers, n'en ont pas le droit, comme nous l'avons déjà vu, pour un autre cas, à la section des rapports, liv. Ier. *(art. 211, l. ib.)*

Nota. Il ne sera pas inutile de faire remarquer ici ce qui distingue la réduction, du rapport, et ce que l'une et l'autre ont de commun.

Le rapport, comme nous l'avons défini à la pag. 89, liv. I.ᵉʳ, est la restitution à la masse des libéralités anticipées, faites à un ou à plusieurs des co-héritiers, sans dispense de rapporter.

Il est fait seulement par certaines personnes et pour certaines choses; comme c'est pour empêcher que quelques-uns des héritiers ne soient frustrés au profit des autres, qu'est exigé le rapport, il a constamment lieu, de plein droit, à l'égard des co-héritiers, sans aucune espèce de calcul préalable, et sans égard à leur nombre.

La réduction, au contraire, ayant son origine dans la loi qui détermine une quotité de biens disponibles, n'a lieu que lorsque cette quotité a été excédée par les libéralités du donateur; elle n'est, en quelque sorte, qu'une rectification de sa conduite, lorsqu'il s'est écarté de la règle tracée par la loi.

L'effet commun au rapport et à la réduction, c'est de rétablir, à l'égard des héritiers, les choses dans l'état où elles auraient toujours dû être.

106. Il suit de ce que nous venons de dire, que, pour déterminer la réduction, il faut former masse de tous les biens existans au décès du donateur ou testateur; dans cette masse

entrent fictivement les biens, dont il a été disposé par donations entre-vifs, d'après leur état
à l'époque des donations, et leur valeur au tems
du décès. Déduction faite des dettes sur la
masse, ainsi établie, on calcule la quotité disponible, eu égard à la qualité et au nombre des
héritiers qu'a laissés le défunt. (*art.* 212, *loi
des donat. et test., au code.*)

Espèce : donation entre-vifs a été faite, d'un
domaine de la valeur de 10,000 fr., par Henri
Chapelle, à *Marc*, son petit-neveu ; au décès
de Henri, deux enfans qu'il laisse pour uniques
héritiers, prétendent que le don entre-vifs fait à
Marc, excède le tiers des biens de Henri, leur
père, dont celui-ci avait seulement le pouvoir
de disposer. (*art.* 203.)

Le domaine donné est alors évalué, d'après
son état à l'époque de la donation, et sa valeur
au jour du décès : il se trouve porté par les experts
à 12,000 fr.; tous les autres effets de la succession de Henri, ne sont portés ensemble qu'à
18,000 fr., de sorte que la succession totale présente, en définitif, une masse de 30,000 fr. : partant, la quotité disponible à l'égard de Henri,
mort, père de deux enfans existans à son décès,
étant du tiers de ses biens, et ce tiers, dans la

circonstance, étant d'une valeur de 10,000 fr.,
le don fait à Marc, sera réductible à cette somme, et celui-ci tenu de rétablir l'excédent à la
masse, d'après le mode et sous les conditions
(hypothétiques) que nous verrons ci-après.

§ II.

MODE RELATIF AUX CHOSES.

Réduction à l'égard des donataires et légataires.

107. La quotité des biens disponibles se trouvant établie, la réduction, lorsqu'elle aura été jugée
nécessaire, commencera par porter sur les biens
compris dans les dispositions testamentaires; de
telle sorte qu'elle ne devra jamais atteindre ceux
qui font l'objet des donations entre-vifs, qu'après avoir épuisé entièrement les premiers.

Si la réduction doit s'étendre jusqu'aux donations, elle se fera en commençant par la
dernière, et en remontant ainsi, des plus récentes aux plus anciennes. *(art. 213, l. ib. au c.)*

Cette distinction porte sur le principe que
la donation entre-vifs est irrévocable de sa nature,
et que c'est à la seule faveur due aux parens,

pour lesquels est faite la réserve , que la loi a accordé de paraliser l'effet de ces sortes d'actes. Le testament, au contraire, est révocable jusqu'au dernier moment de celui qui l'a fait, et, par conséquent, sous tous les rapports, beaucoup moins respectable que la donation. L'effet de celle-ci, en outre, a toujours précédé celui du testament.

108. Par la même raison , toutes les fois que les donations entre-vifs égaleront ou excéderont la quotité disponible, toutes dispositions testamentaires seront , par le fait même, caduques.

Lorsque les donations entre - vifs , restant intactes , la réduction devra porter sur les dispositions testamentaires , pour une partie seulement; elle sera faite au centime le franc , sans aucune distinction entre les legs *universels* et les legs *particuliers*, à moins que le testateur ait déclaré *expressément* vouloir que tel legs soit acquitté de préférence aux autres. Auquel cas, sa volonté sera exécutée, et le legs de faveur n'éprouvera de réduction, qu'autant que les autres legs ne pourraient suffire à fournir la réserve légale. (*art.* 215, 216, 217 , *l. ib.*)

109. Les fruits des objets rapportés, par l'effet de la réduction, sont restitués par le donataire, à partir du jour du décès du donateur, si la demande en réduction a été formée dans l'année ; si non, du jour de la demande. (218.)

Les immeubles, ainsi rendus à la masse, seront francs des dettes ou hypothèques créées par le donataire. (*art.* 219, *l. ib.*)

Nous avons vu , section des rapports, (n°. 75.) que la loi affranchit également les immeubles , rapportés dans les cas déterminés, des charges et hypothèques créées par le donataire. Nous ne pouvons que renvoyer aux observations dont nous avons fait suivre cet article, où nous avons appelé l'attention des citoyens, sur le danger qu'il peut y avoir de s'abandonner avec une confiance aveugle à des spéculations d'une certaine importance , avec les personnes qui ne sont, en quelque sorte, que les dépositaires des biens donnés par dispositions entre-vifs ; en tant , cependant, que ces spéculations reposeraient tout entières sur cette base, et que les donataires n'offriraient pas d'ailleurs des garanties suffisantes.

110. Si la donation entre-vifs ou testamen-

taire, a pour objet un usufruit ou une rente viagère, dont la valeur excède la quotité disponible,
l'héritier, au profit duquel la loi stipule la réserve,
a l'option d'exécuter la disposition, en servant
la rente, ou en laissant le donataire jouir de
l'usufruit ; ou bien d'abandonner la propriété
de la quotité disponible. (*art.* 207, *l. ib.*)

La rente viagère étant de nature à être diffi-
cilement évaluée, et à ne l'être jamais que
probablement et par approximation ; il a fallu,
dans la circonstance d'un tel don, obliger l'héritier, ou à servir la rente, ou à faire abandon
de la quotité des biens disponibles.

L'usufruit, s'il n'est que limité, est plus facile
à évaluer ; mais comme c'est à l'héritier qu'est
réservé le choix, l'on ne peut pas craindre
qu'il y ait jamais injustice à son égard.

§ III.

De l'exercice de l'action en reduction à l'égard des tiers.

111. L'action en réduction ou revendication
pourra être exercée, par les héritiers, contre les
tiers détenteurs des immeubles aliénés par le

donataire, de la même manière et dans le même ordre que contre les donataires eux-mêmes ; c'est-à-dire, en commençant suivant l'ordre de date des aliénations, toujours par la plus récente, et en remontant jusqu'aux plus anciennes, discussion préalablement faite des biens des donataires. (*art.* 220 , *l. ib. au c*)

CHAPITRE II.

DES DONATIONS ENTRE-VIFS.

SECTION I.ere

Forme des donations entre-vifs.

§ I.er

112. Tout acte portant donation entre-vifs, doit être passé devant notaire, dans la forme ordinaire des contrats : il en doit rester *minute*, sous peine de *nullité*. (*art.* 221, *loi des donations au code.*)

113. Toute donation, pour être valable, devra être acceptée par le donataire, ainsi qu'il sera expliqué au paragraphe suivant, sur la qualité des personnes propres à accepter.

114. Lorsque la donation aura été faite de biens susceptibles d'hypothèques, la transcription en devra être faite, ainsi que la notification de l'acceptation qui aurait eu lieu par

acte

acte séparé, aux bureaux des hypothèques du lieu de la situation des biens;

Cette transcription aura lieu à la diligence du mari, pour les biens donnés à sa femme. Dans le cas de négligence du premier, celle-ci y pourra faire procéder elle-même, sans autorisation.

La transcription sera faite à la diligence du tuteur, curateur ou administrateur, pour les biens donnés aux mineurs, aux interdits ou à des établissemens publics. (*art.* 229 *et* 230, *l. ibid.*)

Tout acte emportant translation de propriété, doit être rendu public par une transcription sur des registres publics; à chaque fois qu'une propriété change de maître, la société en doit être instruite par la voie légale : d'abord, afin que chaque intéressé soit à portée de connaître et le nouveau maître de la chose et la direction que prend la chose, qu'il puisse ainsi faire tout acte nécessaire, et veiller à la conservation de ses intérêts; ensuite, afin que chaque citoyen soit averti que *Pierre* ne possède plus telle chose, et qu'il ne soit pas induit en erreur dans les transactions qu'il pourrait avoir à faire avec lui.

* *Code des Succes. An XI.*   B

115. Le défaut de transcription pourra être opposé par toutes personnes intéressées, si ce n'est néanmoins par celles que la loi charge de faire faire la transcription, leurs ayant cause et le donateur. *(art.* 231, *l. ib.)*

Les mineurs, les interdits et les femmes mariées ne sont point restitués contre le défaut de transcription ou d'acceptation, sauf leur recours contre leurs tuteurs ou maris, sans que, cependant, l'insolvabilité de ces derniers puisse jamais influer sur la restitution.

Des considérations d'un ordre majeur ont fait décider pour la nullité absolue de la donation, faute d'acceptation ou de transcription. Il est de la plus grande importance pour les donataires qui ne jouissent pas de leurs droits civils, ou pour ceux qui s'intéressent à eux, de veiller à ce que les tuteurs, curateurs ou maris, fassent procéder à ces deux formalités *essentielles*, puisque rien ne peut les remplacer, et que le recours qu'accorde la loi sera souvent illusoire, sur-tout de la part des femmes à l'égard des maris.

116. La donation entre-vifs ne pourra comprendre que les biens *présens* du donateur :

elle sera nulle quant aux biens à venir, au cas, où ils fussent compris.

La donation entre-vifs sera également nulle dans les deux cas suivans :

Lorsqu'elle sera faite sous une condition dont l'exécution dépend de la *seule* volonté du donateur ;

Lorsqu'elle sera faite sous la condition d'acquitter d'autres dettes ou charges que celles existantes à l'époque de la donation, ou exprimées, soit dans l'acte lui-même, soit dans l'état qui doit y être annexé.

Si le donateur s'est réservé la faculté de disposer d'un effet compris dans la donation, ou d'une somme fixe sur les biens donnés, et qu'il meure sans en avoir disposé, l'effet ou la somme appartiennent aux héritiers du donateur, nonobstant toute stipulation contraire. *(art.* 233, 234, 235, 236, *l. ib. au c.)*

Ces dispositions ne sont pas applicables aux donations faites par contrat de mariage, aux époux et à leurs enfans à naître, ni aux donations réciproques entr'époux. (*art.* 237, *l. ib.*)

117. Tout acte de donation d'effets mo-

biliers, pour être valable, doit être suivi d'un état estimatif des effets qu'il comprend, signé du donateur et du donataire, ou de ceux qui acceptent pour ce dernier. L'effet de la donation est restreint aux objets portés dans l'état annexé. *(art. 258, l. ib.)*

OBSERVATION IMPORTANTE.

§ I I.

Qualités requises dans la personne du donataire acceptant, et règles de l'acceptation.

118. L'acceptation, *essentielle* pour l'exécution et la validité de la donation, peut être faite, ou par l'acte même, ou par un acte séparé et postérieur ; elle peut être faite par le donataire lui-même ou par son fondé de pouvoir spécial ou général : l'acceptation doit, dans tous les cas, être faite du vivant du donateur.

Lorsque l'acceptation est faite par acte postérieur à la donation, cet acte doit être passé en forme authentique, et il en doit rester minute ; dans ce dernier cas, la donation n'a d'effet à l'égard du donateur, que du jour de la notification qui lui est faite de l'acte d'acceptation. (*art.* 222.)

Lorsque celle-ci est faite par un fondé de pouvoir, la procuration doit être annexée à la minute de la donation, ou à celle de l'acceptation, si elle est faite par acte séparé.

Les donataires *jouissent* de leurs droits civils ou non ; dans le premier cas, l'acceptation est faite par eux ou leurs fondés ; quant aux mineurs et interdits, c'est par l'intermédiaire de leurs tuteurs ou curateurs que l'acceptation doit être faite.

Les père et mère, cependant, ou les autres ascendans, même du vivant des père et mère, peuvent, bien qu'ils ne soient ni tuteurs ni curateurs du mineur, émancipé ou non, accepter pour lui.

Le mineur émancipé peut accepter avec l'autorisation de son curateur.

La femme mariée se fait autoriser par le mari, ou par justice, à son refus.

La femme, même non commune, ou séparée de biens, ne peut donner, aliéner, hypothéquer, acquérir, sans le concours du mari à l'acte ou son consentement par écrit.

S'il refuse d'autoriser, la femme peut le faire citer directement devant le tribunal de première instance du domicile commun, qui donne ou refuse l'autorisation, après avoir entendu ou appelé le mari. (*loi du mariage, liv. Ier. au c. art. 211 et 213 ; chap. des droits et devoirs des époux.*)

Enfin, le sourd muet, sachant écrire, peut accepter lui-même, ou par fondé de pouvoir. S'il ne sait écrire, l'acceptation est faite par le curateur nommé à cet effet, suivant les règles établies. (*art. 222, 223, 224, 225, 226, l. des donat. et test. au c.*) Pour les accep-tations de dons faits aux hospices, v. le n°. 104.

§ I I I.

Effets de la donation ; règles parti-culières.

119. La donation entre - vifs n'engage le donateur, et ne produit aucun effet que du jour où elle a été acceptée en termes *exprès*, ou, dans le cas exprimé au nombre précédent, du jour auquel cette acceptation lui a été notifiée.

120. Le donateur peut faire réserve à son

profit, ou disposer, au profit d'un autre, de la jouissance ou de l'usufruit des biens donnés, meubles ou immeubles.

Dans le cas d'une donation d'effets mobiliers, avec réserve d'usufruit, le donataire, à l'expiration de l'usufruit, prend les biens donnés qui se trouvent en nature, dans l'état où ils sont. Et de plus, il a action pour le rétablissement des effets non-existans, portés en l'état estimatif, jusqu'à concurrence de la valeur qui leur avait été assignée dans cet état, soit contre le donateur (1), s'il est vivant, soit contre ses héritiers. (*art* 240, *l. ibid.*)

---

(1) Ces mots, *contre le donateur*, qui se trouvent écrits dans la loi, pourraient embarrasser au premier coup-d'œil. Comment se faire, en effet, l'idée d'un recours de la part du donataire contre le donateur lui-même? Pour entendre ces expressions, il faut supposer l'hypothèse qui devra se réaliser bien rarement, d'un usufruit *limité*, que se sera réservé le donateur; mais, encore une fois, une pareille stipulation devra se rencontrer peu fréquemment, et on en sent facilement la raison. Une clause plus facile à concevoir, c'est l'usufruit de la chose, réservé par le donateur en faveur d'une

Restitution contre les héritiers. Espèce: Esprit Fléchier, prêtre, a fait donation entre - vifs, à Luc son neveu, d'un riche domaine, duquel dépend un château meublé, renfermant, entr'autres choses, dix tableaux de prix, et une bibliothèque de 200 vol.

L'oncle donataire s'est réservé l'usufruit durant sa vie : il vend, quelques années après, six des tableaux donnés, et cent volumes de la bibliothèque; au décès du donateur, le donataire a droit de réclamer contre les autres héritiers de son oncle, qui ont recueilli des biens considérables, la restitution d'une somme égale à la valeur des objets distraits de la donation par le donateur, sur le pied de leur évaluation, dans l'état annexé à l'acte de libéralité.

Deux cas cependant peuvent se rencontrer où la restitution au donataire n'a pas lieu :

---

personne autre que le donataire, pour un tems limité, ou même pour sa vie entière, en supposant, dans le dernier cas, que l'usufruitier a prédécédé le donateur; encore y aurait-il plus que de la mauvaise grace au donataire à exercer un recours anticipé, contre son bienfaiteur lui-même.

celui de la réduction légale , prescrite en faveur des ascendans et descendans survivans ; celui de l'absence de tous biens dans la succession du donateur , autres que ceux donnés , en plaçant le défunt dans la classe des personnes qui ont la faculté de disposer de la totalité de leurs biens, c'est-à-dire , en supposant qu'il n'a laissé , à son décès , ni ascendans ni descendans.

121. Le donateur peut stipuler le droit de retour des objets donnés , soit pour le cas du prédécès du donataire , soit pour celui du prédécès du donataire et de ses descendans.

Mais ce droit ne peut être stipulé qu'au profit du donateur seul : autrement il y aurait substitution. V. le modèle de donat. entre-vifs, n.° 6.

L'effet du droit de retour est de résoudre toutes aliénations des biens donnés , et de les faire revenir au donateur, francs de toutes charges et hypothèques , sauf celles de la dot et des conventions matrimoniales , si les autres biens de l'époux donataire n'y suffisent pas , et dans le cas seulement , encore, où la donation aura été faite par le même contrat de mariage , d'où résultent ces droits d'hypothèques. (*art.* 241 *et* 242 , *l. ib.*)

Même observation à faire ici qu'au n°. 78, à l'égard des possesseurs précaires de biens donnés. Les parens qui stipulent pour leurs filles, sœurs ou pupiles, dans les contrats de mariage, ne sauraient trop faire attention aux termes dans lesquels seront faites à l'époux les donations en faveur du mariage, lorsque surtout l'objet de ces libéralités sera l'unique gage sur lequel reposera la sûreté des dots et des autres conventions matrimoniales. Ce sont particulièrement les officiers publics chargés de la rédaction des actes, les notaires, qui doivent bien se pénétrer de l'esprit et des dispositions rigoureuses de la loi, les développer aux parties, et veiller à ce que personne ne soit déçu. Les moindres fautes sont irréparables, dans les fonctions du notaire.

SECTION II.

Exception à la règle de l'irrévocabilité des donations entre-vifs.

122. La donation entre-vifs étant de sa nature irrévocable, comme nous l'avons déjà vu, elle ne peut être anéantie :

Que pour cause d'inéxecution des conditions sous lesquelles elle a été faite ;

Pour cause d'ingratitude ;

Pour cause de survenance d'enfans. (*art.* 243 , *l. ib. au c.*)

Elle est révoquée pour cause d'ingratitude,

1°. Si le donataire a attenté à la vie du donateur ;

2°. S'il s'est rendu coupable envers lui de sévices , délits , ou injures graves.

3°. S'il lui refuse des alimens. (*art.* 245.)

La donation , en faveur de mariage , n'est pas révocable pour cause d'ingratitude. (249.)

La donation est révocable pour survenance d'enfans, c'est-à-dire, par la naissance d'un enfant légitime du donateur , même d'un posthume ; ou par la légitimation d'un enfant naturel , par le mariage subséquent , s'il est né depuis la donation ; de quelque valeur que puisse être la donation , et à quelque titre qu'elle ait été faite, qu'elle soit mutuelle ou rémunératoire ; et même , encore qu'elle ait été faite en faveur de mariage , par autres que par les ascendans aux conjoints , ou par les conjoints l'un à l'autre.

La révocation a lieu , même au cas où l'enfant du donateur ou de la donatrice eût été conçu au tems de la donation. (*art.* 250 *et* 251, *l. des donat. au c.*)

La révocation de la donation par la survenance d'enfant, a lieu, lors même que le donataire serait entré en possession des biens donnés et qu'ils lui auraient été laissés par le donateur, depuis la survenance d'enfant; seulement, alors, le donataire n'est tenu de restituer les fruits perçus, que du jour de la notification, à lui faite par acte en forme, de la naissance de l'enfant, ou de sa légitimation par le mariage subséquent. La demande en réintégration dans les biens donnés, eût-elle été formée postérieurement à cette notification, ne change pas la règle établie à l'égard du donataire dépossédé. (*art.* 252.)

Toute clause ou convention par laquelle le donateur aurait renoncé à la révocation, par survenance d'enfant, sera regardée comme nulle et de nul effet. (*art.* 255.)

123. La révocation pour cause d'inexécution des conditions ou pour cause d'ingratitude, n'a pas lieu de plein droit, comme celle qui résulte de la survenance d'enfant.

La demande en révocation pour cause d'ingratitude devra être formée dans l'année, à compter du jour du délit imputé par le donateur au donataire, ou du jour auquel le délit aura pu être connu du donateur.

La demande en révocation est directe et ne peut être formée que par le donateur lui-même contre la personne du donataire ; les héritiers de l'un ne sont point admis à la former contre les héritiers de l'autre, à moins que l'action n'ait d'abord été intentée par le donateur, ou que celui-ci ne soit décédé dans l'année du délit. (*art.* 247 , *l. ib.*)

On sent que l'action en révocation dont nous nous occupons ici, résultant d'un droit tout personnel, ne peut être exercée par un autre ; l'ingratitude, en effet, n'a lieu que de la personne du donataire à la personne du donateur, et les héritiers des biens, n'ayant aucune injure personnelle à venger, ne peuvent avoir aucune action contre le donataire, et à plus forte raison contre ses héritiers.

Nous avons vu, N°. 122, dans l'énumération des causes qui donneront lieu à la révocation, pour fait d'ingratitude, les *sévices*, *délits* ou *injures graves :* ces expressions pourraient laisser quelque vague, quelqu'indétermination dans l'esprit, si on ne les restreignait au sens que leur a donné le législateur.

Par *sévices* et *injures graves*, l'on ne doit entendre que les mauvais traitemens habituels et réitérés, exercés à l'égard de la personne du donateur, par le donataire ou par ses ordres *exprès* ; mauvais traitemens d'où seraient résultés des blessures ou autres accidens funestes ; les injures, pour motiver l'action en révocation, doivent être d'une nature tellement grave qu'elles soient capables d'ébranler un homme ferme et raisonnable, ou de faire craindre pour la vie ou la sûreté du donateur.

Au surplus, c'est à la conscience du juge, au tribunal duquel est portée la demande, à apprécier, à leur juste valeur, les faits et les circonstances agravantes, pour se décider à déclarer l'ingratitude constante.

§ II.

Effets de la révocation des donations entre - vifs.

124. Dans le cas de révocation pour cause d'inexécution des conditions, les biens rentrent dans les mains du donateur, libres de toutes

charges et hypothèques du chef du donataire ; le donateur a, en outre, contre les tiers détenteurs des immeubles donnés, tous les droits qu'il aurait contre le donataire lui-même. *(art. 244.)*

Ainsi, non plus que dans les autres cas de possession provisoire, par suite de donations entre-vifs, à l'égard des personnes qui peuvent encourir la peine de la révocation, les tiers qui ont des intérêts à traiter avec les détenteurs ne doivent se commettre qu'avec précaution, toujours en supposant que les biens qui font l'objet de la donation seraient les seuls possédés par le donataire.

*N*ª. Nous ne craignons pas de répéter les avertissemens de ce genre. Ils ne pourraient trop l'être.

Les jurisconsultes, plus à portée de les observer que les autres citoyens, savent tous quels désordres, souvent irréparables, sont causés par le défaut de précaution dans les transactions ordinaires ; défaut sur lequel gémissent en vain des familles nombreuses, qui se voient rapidement passer de l'aisance ou de l'opulence, à l'infortune et à l'opprobre.

125. Les biens compris dans les donations révoquées de plein droit, c'est-à-dire, par survenance d'enfant, rentrent dans le patrimoine du donateur, comme dans tous les autres cas de résolution (V. les Nᵒˢ. 121 et 124.) libres de toutes charges et hypothèques du chef du donataire, sans qu'ils puissent demeurer affectés, même subsidiairement, à la restitution de la dot ou des conventions matrimoniales de la femme du donataire: ce qui aura lieu, quand même la donation aurait été faite en faveur du mariage du donataire, et insérée dans le contrat, et que le donateur se serait, comme caution, obligé à l'exécution du contrat de mariage. *(art. 253.)*

Le législateur a voulu que rien ne pût arrêter la révocation d'une donation, après la survenance d'enfant.

126. La révocation de la donation, une fois opérée, l'acte ne peut plus revivre ou avoir de nouveau son effet, ni par la mort de l'enfant survenu au donateur, ni par aucun acte confirmatif; une nouvelle disposition est de nécessité absolue, toutes les fois que le donateur voudra, comme il en a le droit, gratifier de nou-

veau le même donataire du même bienfait, soit avant, soit après la mort de l'enfant survenu. *(art. 254, l. ib.)*

127. Le donataire, ses héritiers ou ayant cause, et tous détenteurs de choses données, ne peuvent opposer la prescription pour faire valoir la donation, révoquée par la survenance d'enfant, qu'après une possession de trente années; lesquelles ne pourront commencer à courir que du jour de la naissance du dernier enfant du donateur, même posthume; et ce, sans préjudice des interruptions de droit.

Cette disposition coupe racine à toute discussion entre les donataires ou leurs représentans et l'enfant survenu depuis la donation. Dans toute difficulté de ce genre, il ne peut y avoir qu'une seule question à poser : y a-t-il plus de trente ans que les donataires possèdent, ou non, sans interruption ? L'époque de la mise en possession, doit être constante et résulter d'actes authentiques, de jugemens, des rôles des contributions publiques, des feuilles matrices de ces rôles, et enfin de la publique et réelle possession, au su et au vu de tous. Il est vrai qu'en ce dernier cas la possession serait beaucoup plus précaire, et qu'il faudrait sur-tout qu'elle ne fût contrariée par aucun acte en écriture authentique.

Mais, il devra être rare qu'un enfant survenu postérieurement à la donation, à moins que le hasard ou des circonstances extraordinaires l'aient éloigné de bonne heure du lieu de sa naissance, laisse s'écouler trente années entières, sans s'adresser aux détenteurs de son patrimoine. S'il devient orphelin, ses tuteur ou curateur sont là pour veiller à la conservation de ses droits.

CHAPITRE III.

RÈGLES SUR LES TESTAMENS.

SECTION PREMIÈRE.

DE LA FORME DES TESTAMENS.

§ Ier.

Définition du testament.

128. Le testament est l'acte libre, dans lequel le testateur consigne ses dernières volontés.

Cette volonté, manisfestée d'après les formes prescrites, est exécutée comme la loi des héritiers, tant que le testateur n'est pas sorti des bornes qui lui sont indiquées, par une volonté plus respectable encore que la sienne, par la volonté du législateur.

§ I I.

Formes des testamens.

129. Le testament affecte, en général, trois formes principales bien distinctes.

Il est *olographe,* ou écrit en entier, daté et signé de la main du testateur, sans aucune autre forme;

Fait par acte public, c'est-à-dire, reçu par deux notaires, en présence de deux témoins, ou par un notaire, en présence de quatre témoins, avec les modifications qu'on trouvera ci-après;

Mystique ou secret, c'est-à-dire, *signé* du testateur et écrit ou non par lui; déposé ensuite chez un officier public. *(art. 259, 260, 261 et 266, loi des testamens, liv. 3, au c.)*

Règles particulières à la rédaction.

130. Un même acte ne peut contenir le testament de deux ou plusieurs personnes, quoiqu'il soit fait au profit d'un tiers, ou à titre de disposition réciproque et mutuelle. (*art. 258, l. ib.*)

Il faut un acte séparé pour chaque testateur.

Testament par acte public. Ce testament, s'il est reçu par deux notaires, est dicté par le testateur, et *doit* être écrit par l'un des notaires, tel qu'il est dicté; s'il n'y a qu'un notaire, l'acte est également dicté par le testateur, et *écrit* par le notaire.

Dans l'un et l'autre cas, il *doit* en être donné lecture au testateur en *présence* des témoins.

Il est fait du tout, mention *expresse.*

(Voir, à la fin de l'ouvrage, les divers modèles de testamens.)

Le testament *doit* être signé du testateur : s'il ne sait ou ne peut signer, mention *expresse* est faite de sa déclaration, ainsi que de la cause qui l'empêche de signer.

En général, le testament doit être signé par les témoins : mais, dans les *campagnes*, il suffit qu'un seul signe, dans le cas où il y en a deux d'appelés ; et deux, dans le cas où il y en a quatre, comme il a été dit ci-dessus.

Ne peuvent être témoins,

Les légataires, quels qu'ils soient, ni leurs parens ou alliés, jusqu'au quatrième degré inclusivement.

Les clercs des notaires, rédacteurs et détenteurs de l'acte. (*art.* 262, 263, 264 *et* 265, *l. au c.*)

Le témoin, appelé à la rédaction d'un testament, *doit* être mâle, majeur, républicole et jouissant de ses droits civils. (*art.* 270.)

Toutes ces formalités, étant sacramentelles et de rigueur, ne sont susceptibles d'aucune observation.

131. *Testament mystique ou secret.* Le testateur, après avoir écrit ou dicté et *signé* sa disposition, remet le papier qui la contient, clos et scellé, à un notaire et à six témoins au moins; si le papier est ouvert, il le fait clore et sceller en leur présence, en déclarant que le contenu est son testament, écrit et signé de lui, ou écrit par un autre, et signé de lui. Le notaire dresse de suite, et sans divertir à d'autres affaires, l'acte de suscription sur le papier présenté lui-même, ou sur la feuille qui lui sert d'enveloppe. Cet acte est signé par les testateur, notaires et témoins, (qui ici doivent tous être signataires.) Si un empêchement survenu au testateur depuis la signature du testament, le prive de la faculté de signer l'acte de suscription, il est fait mention de sa déclaration de ne pouvoir signer, sans qu'il soit besoin, dans ce cas, d'augmenter le nombre des témoins. *(art.* 266, *l. ib. au c.)*

Si le testateur ne *sait* signer, ou s'il ne l'a pu faire, lorsqu'il a fait écrire ses dispositions, il est appelé à l'acte de suscription un septième témoin, qui signe avec les autres : et il est *fait mention* de la cause pour laquelle il a été appelé.

Si le testateur ne peut parler, mais qu'il puisse

écrire, il peut faire testament mystique, à la charge que l'acte soit entièrement écrit, daté et signé de sa main ; que le testateur le présente au notaire et aux témoins ; et qu'au haut de la suscription il écrive, *en leur présence*, que ce papier est son testament ; les autres formalités dont il est parlé au *nombre* précédent, sont remplies par le notaire, comme à l'ordinaire ; et il est de plus fait mention que la déclaration, énoncée au haut de la suscription, a été écrite par le testateur, en *présence* des notaires et témoins. *(art.* 267, *et* 269, *l. ib.)*

132. Le testament mystique, comme le testament olographe s'il est cacheté, est, avant d'être mis à exécution, présenté au président du tribunal de première instance, du lieu de l'ouverture de la succession, qui dresse procès-verbal de la présentation qui lui est faite de l'acte, en fait l'ouverture, et en ordonne le dépot entre les mains d'un notaire, par lui commis.

L'ouverture du testament mystique doit en outre être faite, en présence de ceux des notaires et témoins signataires de l'acte de suscription, qui se trouvent sur les lieux, ou eux appelés. *(art.* 296, *l. ib.)*

On a remarqué, par ce qui a été dit ci-dessus, que celui qui ne saurait ou ne pourrait lire, est nécessairement privé de la faculté de disposer dans la forme du testament mystique, (*art*. 268.) puisqu'il est de l'essence de ce testament d'être écrit, ou du moins signé du testateur.

COROLLAIRE.

De tout ce que nous venons de voir sur les testamens, il résulte que, pour tous les actes de cette nature qui sont passés publiquement en la forme ordinaire, plusieurs conditions principales sont exigées ; les unes à l'égard du disposant, les autres à l'égard de l'officier public qui revêt l'acte du caractère d'authenticité, nécessaire pour qu'il puisse faire foi en justice.

Conditions à l'égard du disposant. Il doit être sain d'esprit , capable des effets civils , majeur, ou mineur âgé de plus de seize ans ; libre , et dans un état tel qu'il puisse clairement articuler et dicter sa volonté , à voix assez haute pour être facilement entendu des
notáires

notaires et des témoins ; enfin, signer, s'il le sait et s'il le peut, ou déclarer formellement qu'il ne sait ou ne peut ; il faut que le testateur jouisse de ses facultés physiques et intellectuelles, pour *entendre* et comprendre le sens du testament qui lui est lu par le notaire; ou que, dans le cas où il n'entendrait pas, il soit assez libre de tête et d'esprit pour lire lui-même l'acte qu'il ne peut entendre ; car, on ne saurait concevoir une disposition, faite par un homme qui ne pourrait ni *entendre* ni *lire* ce qu'il aurait dicté.

Conditions à l'égard de l'officier public, rédacteur de l'acte. S   un notaire seul qui reçoit le testam   oit être assisté de quatre témoins, dans le cas du testament public ; de six ou de sept, suivant l'occurence, dans le cas du testament mystique : il n'est pas inutile d'ajouter que le nombre de témoins en plus n'est d'aucun inconvénient, et qu'il peut même avoir cet avantage hypothètique, qu'au cas de contestation sur la qualité d'un témoin, celui ou ceux que le notaire aurait appelés, en sus du nombre rigoureusement prescrit, pourraient suppléer au défaut des témoins contestés, et contribuer ainsi à rendre valide un testament qui, sans cette surabondance de témoins, se fût trouvé annullé.

Si deux notaires concourent à la rédaction d'un testament public, le second d'entr'eux tient lieu de deux témoins, et il n'est plus besoin, en ce cas, que de deux autres. Quant au testament mystique, la loi ne supposant pas le cas de la présence de deux notaires, il sera prudent de ne point diminuer le nombre des témoins, quel que soit celui des notaires présens à l'acte de suscription.

Le notaire doit s'assurer de la capacité des individus appelés comme témoins, et la constater en exprimant sommairement leur âge et leur qualité. Enfin, l'officier public doit lire le testament ou la suscription du testament, à haute et intelligible voix, au testateur et aux témoins, et faire mention du tout formellement et *expressément.* (Les modèles que nous donnons à la fin se trouvent réunir toutes les conditions.)

Outre ces dispositions en la forme, l'officier public doit rappeler sans cesse au testateur les dispositions limitatives de la loi, que celui-ci pourrait avoir perdu de vue ou ignorer, et l'empêcher de commettre des infractions sans objet, qui ne peuvent qu'être la source de divisions et de procès.

SECTION II.

CLASSE PARTICULIÈRE DE TESTAMENS.

Forme de ces actes.

Cette section comprend trois sortes de testamens :

Les testamens des militaires en activité ;

Ceux faits en pays affligés de la peste ;

Les testamens faits sur mer, ou en pays étranger.

§ Ier.

133. Après avoir établi les règles invariables auxquelles doit, pour disposer de ses biens, se conformer le citoyen paisible , jouissant de toute la liberté naturelle et civile dans les tems ordinaires, la loi a dû considérer le citoyen , entraîné loin de ses foyers pour le service public, la défense de l'état ; ou celui que les intérêts de la patrie ou du commerce forcent à des voyages de long cours , soit d'un continent à

l'autre, soit au travers des mers. Elle a dû aussi avoir égard aux malheurs publics qui affligent une ville ou une contrée, comme la peste et les grandes épidémies ; la loi est la sentinelle qui veille à la conservation commune des droits de chaque membre de l'association ; c'est l'acte de garantie réciproque qui protége également tous les citoyens, dans quelque pays, à quelque distance que la fortune ou le sort des armes les transportent, et de quelques fléaux qu'ils soient atteints.

Il est bien évident que tous les membres éloignés du sein de la famille ne peuvent être raisonnablement soumis aux formes exigées dans l'état ordinaire : la loi en etablit donc d'autres, appropriées aux lieux et aux circonstances.

134. *Testamens des militaires.* Les testamens des militaires et des individus employés dans les armées en activité, hors du territoire de la république, ou prisonniers chez l'ennemi, en quelque pays que ce soit, pourront être reçus par un chef de bataillon ou d'escadron, ou par tout autre officier d'un grade supérieur, en présence de deux témoins, ou par deux commissaires des guerres, ou par un de ces

commissaires, en présence de deux témoins. (*art. 271, l. des test. au c.*)

Si le testateur est malade ou blessé, le testament pourra être reçu par l'officier de santé en chef, assisté du commandant en chef chargé de la police. (*art. 272, l. ib.*)

135. Les testamens faits dans la forme ci-dessus sont nuls, six mois après le retour du testateur, dans un lieu où il aura la liberté d'employer les formes ordinaires.

Il peut arriver que les militaires, quoique sur le territoire de la république, se trouvent ou dans une place assiégée, ou dans une citadelle et autres lieux, dont les portes soient fermées et les communications interrompues, à cause de la guerre ; dans ce cas, les individus, ainsi isolés sur le sol même de la patrie, sont assimilés aux militaires transportés en pays ennemis, et leurs testamens suivent les mêmes règles. (*art. 273, l. ib.*)

Une circonstance peut se présenter ici, qui n'a pas été prévue par la loi : c'est le cas d'une femme, attachée à l'armée en qualité de soldat : l'on peut se demander si cette femme, qui existe au corps en contravention à la loi, doit jouir, comme les militaires, du droit de faire un testament, sans observer les formes ordinaires ? Nous croyons que non. D'abord, un individu du sexe féminin, quoique soldat, comme nous en avons vu plusieurs dans la guerre de la révolution, ne peut être constitué prisonnier de guerre ; il suffit qu'il déclare son sexe, pour que, d'après le droit commun établi en Europe, le vainqueur n'ait plus le pouvoir de le retenir. Quant aux diverses situations où elle pourrait se trouver dans les places de la république, la femme soldat peut s'adresser aux officiers publics qui y existent. Est-elle enfermée dans un fort, exclusivement occupé par la troupe, elle doit s'imputer d'avoir créé pour elle des dangers dont l'écartaient les lois militaires ; et, pour tout dire en un mot, les exceptions à la loi générale, faites en faveur des citoyens qui sacrifient généreusement leur vie à la défense commune, ne s'étendent pas à l'amazone hardie qui, par un zèle inconsidéré, viole la loi sur laquelle repose la sûreté de l'état, celle qui confie exclusivement sa défense aux individus du sexe masculin.

Le législateur s'est suffisamment expliqué, à l'égard de tous les autres membres de l'armée, à quelque titre qu'ils lui appartiennent, par ces mots : *Les testamens. . . . . des individus employés dans les armées, etc.* pour qu'il n'existe plus de doute sur la faculté qu'ils ont de faire, tous indistinctement, dans les cas prévus, leur testament sous la forme des testamens militaires.

§ II.

Testamens faits en pays affligé de la peste.

136. Les testamens faits dans un lieu avec lequel toute communication sera interceptée, à cause de la peste, ou autre maladie contagieuse, sont, s'il est nécessaire, reçus par le juge de paix ou l'un des officiers municipaux du lieu, en présence de deux témoins.

Cette disposition s'applique également, et aux personnes attaquées de la maladie, et à celles qui, quoique non malades, se trouvent renfermées dans les lieux infectés. *(art. 275, 276, l. ib.)*

Bien entendu, que la circonstance impérieuse dont nous parlons, ne change rien à la capacité des personnes, et ne porte de modification que relativement à la forme des dispo-sitions.

137. Six mois après le libre rétablissement des communications, tous les testamens dont les auteurs sont encore existans, doivent être renouvelés. Ils doivent l'être pareillement six mois après que le testateur se trouve passé dans un lieu, autre que le lieu infecté où il était d'abord, soit que la maladie ait ou non cessé dans le dernier. (*art.* 277, *l ib.*)

§ I I I.

Testamens faits sur mer, ou en pays étranger.

138. Les testamens faits sur mer dans le cours d'un voyage, seront reçus, savoir : à bord des vaisseaux et autres bâtimens de l'état, par l'officier commandant le bâtiment, ou, à son défaut, par celui qui le supplée dans l'ordre de service : l'un ou l'autre, conjointement avec l'officier d'administration, ou celui qui en remplit les fonctions.

A bord des bâtimens de commerce, par l'écrivain du navire, ou celui qui en fait les fonctions : l'un ou l'autre, conjointement avec le capitaine, le maître ou le patron, ou, à leur défaut, par ceux qui les remplacent, toujours en présence de deux témoins. (*art.* 278, *l. ib.*)

Il est cependant raisonnable de penser que, dans le cas de l'impossibilité *absolue* où l'on se trouverait d'avoir deux témoins capables, en sus des officiers requis pour la confection d'un testament sur mer, celui-ci, reçu dans la forme prescrite, n'en serait pas moins valable. Au reste, cette circonstance doit se rencontrer rarement, si ce n'est après un combat meurtrier, ou un naufrage qui aurait jeté les restes d'un équipage sur une terre inconnue ou inhabitée.

139. Sur les bâtimens de l'État, le testament du capitaine et de l'officier d'administration, et, sur les bâtimens de commerce, celui du capitaine, du patron et de l'écrivain, sont reçus dans les mêmes formes que dessus, par ceux qui viennent après eux dans l'ordre du service : dans tous les cas, il est fait double original du testament. (*art.* 279, 280, *l. ib.*)

140. Le testament fait en mer ne pourra contenir aucune disposition au profit des offi-

ciers du vaisseau, s'ils ne sont parens du testateur. Cependant, de pareilles stipulations ne rendraient le testament nul, si d'ailleurs il était conforme aux conditions précédemment imposées, que pour les avantages faits aux personnes prohibées.

141. Tous les testamens faits en mer doivent, comme les testamens ordinaires, être signés du testateur, ou contenir la mention expresse de la déclaration qu'il ne sait, ou de la cause qui l'empêche de signer. L'un des témoius appelés doit aussi *nécessairement* signer, et mention doit être faite de la cause pour laquelle l'autre n'a point signé. (*art.* 287, *l. ib.*)

142. Le testament ne sera point réputé fait en mer, quoiqu'il l'ait été dans le cours du voyage, si, au tems où il a été fait, le bâtiment avait abordé une terre, soit étrangère, soit française, où existerait un officier public français. En ce cas, il ne vaudra qu'autant qu'il aura été dressé suivant les formes prescrites en France, ou suivant celles qui sont usitées dans le pays où il a été fait. (*art.* 284.)

La faculté de faire des testamens sur mer n'est

accordée qu'à ceux qui s'y trouvent *actuelle-*
ment, et qui sont dans l'impossibilité maté-
rielle de les faire rédiger dans la forme ordinaire. C'est pour cette raison que le testament
fait sur mer ne vaut qu'autant que le testateur
meurt en mer, ou dans les trois mois qui
suivent sa descente à terre, en un lieu où il ait
pu le renouveler. (*art.* 286.)

Règ'es particulières au capitaine ou au maître du bâtiment.

Dispositions ultérieures et extrinsèques.

143. Dès que le bâtiment aborde à un port
étranger, où se trouve un commissaire des relations commerciales de France, l'officier qui
a reçu le testament en mer, est tenu, si son
auteur est mort dans la traversée, de déposer
l'un des originaux, clos ou cacheté, dans les
mains du commissaire, qui l'adresse au ministre de la marine, lequel en fait ensuite faire
le dépôt au greffe de la justice de paix du lieu
du domicile du testateur.

De même, si le bâtiment rentre dans un port
de France, l'officier fait remettre, également

clos et cachetés, les deux originaux du testament, ou celui qui reste, si l'autre a été déposé dans un port étranger, au bureau du préposé de l'inscription maritime. Celui-ci les fait passer au ministre de la marine, qui en fait faire le dépôt, comme il a été dit.

Il est fait mention au rôle du bâtiment, en marge du nom du testateur, de la remise des originaux du testament, soit à un commissaire, soit aux préposés de l'inscription maritime. *(art. 281, 282, 283, l. ib. au c.)*

Point d'observations essentielles à faire.

§ I V.

Testaméns faits en pays étrangers.

144. Le français qui se trouve en pays étranger, peut faire sa disposition testamentaire, par acte sous seing-privé, c'est-à-dire, dans la forme olographique, ou par acte authentique, *selon les formes usitées dans le lieu de sa résidence.* (art 288, l ib)

Pour être exécuté, à l'égard des biens situés en France, le testament, fait en pays étranger, doit être enregistré au bureau du domicile du testateur, s'il en a conservé un ; si non, au bureau de son dernier domicile connu en France.

Au cas où l'acte contiendrait des dispositions d'immeubles, il devra en outre être enregistré gratuitement, au bureau de leur situation. (*art.* 289.)

Dispositions générales et de rigueur, applicables à tous les testamens.

Toutes les formalités auxquelles sont assujétis les diverses sortes de testamens, énumérées au présent chapitre, sont exigées, à peine de nullité. (*loi des test. et donations, art.* 290.)

Nous n'ajouterons rien à cette disposition positive et impérative de la loi : tous les officiers publics chargés, par état ou par leur place, de la rédaction des testamens, sentiront l'importance de se bien pénétrer de ses dispositions, afin de ne pas jeter, par leur inadvertence ou leur négligence, le trouble et la division dans des familles, qui ont droit d'attendre d'eux la rigoureuse observation de la loi à laquelle elles sont soumises.

—Nous avons, autant qu'il était en nous,

cherché a prévenir tous les désordres, en expliquant le plus succintement, mais avec le plus de précision possible , le matériel de la forme des testamens. Nous regardons comme un supplément utile les modèles de ces actes, placés à la fin de ce travail.

SECTION III.

DE LA CONFECTION DES TESTAMENS

Formes intrinséques.

§ Ier.

Des legs.

Du legs universel. Les dispositions testamentaires étant universelles , faites à titre universel , ou à titre particulier , nous allons d'abord nous occuper du legs universel.

145. On appele legs universel la disposition par laquelle le testateur donne, à une ou plusieurs personnes , l'universalité de ses biens (*art.* 292, *l. des test. et donations.*)

Règles concernant le légataire universel.

De la mise en possession.

146. Au cas d'existence d'héritiers, auxquels le loi réserve une quotité des biens du testateur, ceux-ci étant saisis de *plein droit* par la mort même, le légataire universel est tenu de demander à ces héritiers la délivrance des biens compris dans le testament. S'il forme cette demande dans l'année du décès, la jouissance des biens, qui font l'objet du legs universel, lui est acquise à compter du jour du décès.

Si la demande n'est formée qu'après l'année du décès, la jouissance du légataire ne commence que du jour de la demande formée en justice, ou du jour que la délivrance aura été volontairement consentie. (*art.* 293 et 294, *l. ib.*)

147. Si, au contraire, il n'existe pas d'héritiers naturels, auxquels la loi réserve une certaine quotité de biens, le légataire universel, institué par testament public, est saisi de plein droit par la mort, sans être tenu à demander délivrance. (*art.* 295.) On ne saurait guère, en effet, en pareil cas, à qui adresser le

légataire pour demander délivrance, si ce n'est
à la justice, ce qui contrarierait le systême actuel
de la loi, qui déclare que l'héritier en général
est saisi, *de plein droit*, de la succession du
défunt. (*art.* 14, *l. des succes.* n°. 4. *liv.* 1er.)

148. Cependant si le legs universel est fait
par testament olographe ou mystique, le légataire universel, sur une requête, à laquelle
est joint l'acte de dépôt, (*v. le modèle n*°. 4.)
se fait envoyer en possession par ordonnance
du président du tribunal de première instance
du lieu de l'ouverture de la succession, qui a
procédé à l'ouverture du testament.

149. Le légataire universel, en concours
avec un héritier, auquel la loi réserve une quotité de biens, est tenu des dettes et charges
de la succession du testateur, personnellement
pour sa part et portion, et hypothécairement pour
le tout. Il est tenu d'acquitter tous les legs,
sauf le cas de réduction prévu par l'art. 216
de la loi, *section de la port. des biens
disponibles.* (*v. le n*°. 107, *section de
la réduct. des donat. et legs, p.* 19, *liv.* 2.)

§ II.

Du legs à titre universel.

150. Le legs à titre universel est celui par lequel le testateur lègue une quote-part des biens disponibles, telle qu'une moitié, un tiers, tel immeuble ou tout son mobilier, ou une quotité fixe de l'un ou de l'autre.

Tout autre legs ne forme qu'une disposition à titre particulier.

Le légataire à titre universel doit demander délivrance aux héritiers auxquels une quotité de biens est réservée par la loi; à leur défaut, aux légataires universels, et à défaut de ceux-ci, aux héritiers appelés, dans l'ordre établi aux titres des successions. (*art.* 300.)

Il est tenu, comme le *légataire universel,* des dettes et charges de la succession du testateur, personnellement pour sa part et portion, et hypothécairement pour le tout. (*art.* 301, *l. des donat.* V. *l'art.* 163, *l. des succ.* (Il résulte de la combinaison de ces deux articles, que les héritiers, autres que les légataires universels ou à titre universel, lorsqu'il en existe, c'est-à-dire, les héritiers appelés directement par

la loi, concourent avec les légataires universels
et à titre universel, (et non avec le légataire à
titre particulier, *art.* 313.) au paiement des
dettes et charges de la succession, et que les uns
et les autres en sont tenus, personnellement pour
leur quote-part, et *hypothécairement* pour le
tout.

151. Si le testateur n'a disposé que d'une
quotité de la portion disponible, et qu'il l'ait fait
à titre universel, le légataire est tenu d'acquitter
les legs particuliers, par contribution avec les
héritiers naturels. (*art.* 301, 302, *l. des
donat. et test., au c.*)

§ III.

Du legs particulier, ou legs pur et simple.

152. Le legs pur et simple donne au légataire
droit à la chose léguée, du jour du décès du
testateur ; droit transmissible à ses héritiers ou
ayant cause.

Mais le légataire doit, avant de prendre possession de la chose léguée, former la demande en
délivrance, comme il a été prescrit à l'avant
dernier nombre, pour le légataire universel.

Les fruits de la chose ne lui sont acquis que du jour de cette demande, ou de celui de la délivrance volontaire qui leur aurait été consentie.

153. Il en sera autrement, et les fruits de la chose léguée appartiendront au légataire, à compter du jour du décès, sans qu'il soit besoin de former demande de sa part, toutes les fois que le testateur aura formellement exprimé sa volonté à cet égard ;

Toutes les fois qu'il aura légué une pension ou une rente viagère, à titre d'alimens. (*art.* 304.)

Comment se fait la délivrance du legs.

154. La chose léguée est délivrée avec les accessoires nécessaires, dans l'état où elle se trouve *au jour du décès* du donateur.

Si le legs consiste en une chose indéterminée, l'héritier ne sera pas obligé de la donner de la meilleure qualité ; mais il ne pourra l'offrir de la plus mauvaise. (*art.* 311, *l. ib.)*

La distinction de ce qui tient essentiellement à la chose et de ce qui s'en peut détacher, est assez importante pour que nous nous y arrêtions un instant. D'abord, il faut établir deux grandes classes pour les choses qui peuvent être léguées, fonds et meubles ; quant aux derniers, ils sont ordinairement indivisibles de leur nature et ne forment qu'un tout ; ainsi, pour nous servir d'un exemple de Domat, celui qui lègue sa montre ou une telle montre, est censé avoir légué aussi la boîte de cette montre, quelle qu'en soit la richesse, avec les pierreries et les bijoux qui peuvent y être attachés. Relativement aux choses immobilières, la distinction de l'accessoire est plus difficile à faire : il existe cependant des règles que nous allons exposer.

Les *acquisitions* faites par le testateur, depuis le legs, fussent-elles *contigües* à la chose léguée, ne sont pas censées, à moins de nouvelle disposition, faire partie de ce legs : quant aux embellissemens ou constructions nouvelles, faits sur le fonds légué, ils passent avec la chose en propriété au légataire : *quæcumque infixa inædificataque sunt, fundo legato continentur, l.* 21 *, cod.*

Il en est de même de l'enclos dont le testateur aurait augmenté l'enceinte. (*art.* 307 *et* 308, *l. ib.*)

Cette disposition repose sur cette probabilité, elle-même fondée en raison, qu'en fesant des embellissemens à la maison léguée, le testateur a bien voulu et su les faire pour le légataire. Le même raisonnement se présente à l'égard d'une construction nouvelle, élevée sur le fond légué, de quelque nature qu'elle puisse être. En général, on sait qu'il est d'axiome en droit, que le bâtiment suit le fonds, à moins de titre au contraire : rien ne saurait ici motiver une exception plausible.

Il ne reste plus qu'à savoir ce qu'on entendra par embellissemens : tâchons de fixer nos idées.

L'embellissement n'est pas le meuble : or, on entend par *meuble*, comme l'exprime le mot même, tout ce qui est *mobile* et propre à être déplacé : ainsi, tous les ustensiles, quel qu'en soit l'usage, les glaces, tableaux, meubles en bois, en métaux, qui ne tiennent à fer, à clous ou à plâtre, ou qui peuvent être détachés des murs sans détérioration, ne sont pas censés embellissemens inhérens à la chose ; au contraire, les peintures à fresque, les moulures, bas-reliefs, corniches, cloisons, alcoves et divisions intérieures, papiers aux murs, dorures sur bois, marbres aux cheminées et autres objets analogues, sont réputés embellissemens. On doit en dire autant des statues et vases placés et posés par le testateur, même depuis le legs, dans les jardins ou avenues *légués* ; à moins qu'ils n'eussent été que déplacés provisoirement, par suite de quelques circonstances extraordinaires, comme l'incendie ou la chûte de la maison, qui les renfermait. On entend bien qu'il faudrait considérer autrement les statues ou les ébauches qui se trouveraient placées dans l'atelier du sculpteur; alors, (de même que les tableaux dans l'atelier du peintre,) elles sont meubles et ne passent avec la chose léguée, qu'autant que cela serait stipulé positivement dans le testament.

Au surplus, en énonçant formellement que telles et telles choses passeront dans *l'état* où elles se trouveront au jour du décès, le notaire peut, dans la plupart des cas, obvier d'avance aux difficultés qui pourraient s'élever entre les héritiers.

155. Si, avant le testament ou depuis, la chose léguée a été hypothéquée pour dettes de la succession, ou même pour la dette d'un tiers, ou bien, si elle est grevée d'un usufruit, l'héritier à titre universel ou autrement, chargé d'acquitter le legs particulier, n'est point tenu de le dégager, à moins qu'il en ait été chargé par disposition expresse du testateur. (*art.* 309, *l. ib.)*

Ceci ne doit et ne peut s'entendre que du cas où le legs consiste en une chose déterminée, et non point en une somme d'argent.

De son côté, le légataire à titre particulier, sauf l'action hypothécaire des créanciers, et la réduction du legs dans les cas prévus par la loi, n'est tenu d'aucune des dettes de la succession. (*art.* 313.)

CAS PARTICULIERS.

156. Le legs fait de la chose qui n'appartient point au testateur est nul, que celui-ci ait, ou non, connu que la chose n'était point à lui. (*art.* 310, *l. ib.*)

157. Le legs fait au créancier ne sera pas censé en compensation de sa créance, non plus que le legs fait au domestique, en compensation e ses gages. (*art.* 312.)

Par qui est faite la délivrance du legs?

158. Le legs fait d'une chose déterminée, comme d'un cheval, d'un bois, d'une maison, lorsque la réduction ne doit pas avoir lieu, est délivré en nature par l'héritier de la loi, ou

par le légataire universel, s'il en existe, auprès duquel le légataire se pourvoit en délivrance.

Si le legs consiste en une somme d'argent, il est acquitté par chacun des héritiers du testateur, au prorata de la part et portion dont ils profitent dans la succession, à moins que l'un d'eux n'ait été particulièrement chargé d'acquitter tel ou tel legs.

Chacun des héritiers est tenu de l'acquit des legs, personnellement de sa part et portion, et hypothécairement pour le tout, jusqu'à concurrence de la valeur des immeubles de la succession dont il est détenteur. (*art.* 3o6.)

Hypothécairement pour le tout, c'est-à-dire, que chacun des héritiers acquitte d'abord la quote - part afférente à la portion d'hérédité qu'il prend dans la succession, et qu'il peut ensuite être poursuivi, hypothécairement pour les legs, jusqu'à l'entier épuisement des biens par lui recueillis; parce que les legs doivent être prélevés de préférence aux droits des héritiers, ce dernier titre une fois accepté par eux; en tant que le testateur n'a pas dépassé les bornes prescrites par la loi, et toute réduction nécessaire supposée préalablement faite. (*V. la*

loi

loi des succes. au c. chap. *VI*, sec. *III* , et le n°. 150 de cet ouvrage , liv. *II*.)

Quelquefois même, comme il a été dit plus haut, n°. 151, la charge d'acquitter les legs particuliers s'étend aux légataires simplement à titre universel : c'est le cas où le testateur n'a disposé que d'une quotité des biens disponibles. (art. 302.)

159. Les frais de la demande en délivrance sont à la charge de la succession , sans néanmoins qu'il en puisse résulter de réduction de la réserve légale. (art. 305.)

Ce point est important dans la pratique , et ne doit pas être perdu de vue. La réserve légale doit s'établir , comme on l'a déja vu , sur la masse des biens , et sous la seule déduction des dettes.

Les seuls frais dus par le légataire, sont les droits d'enregistrement pour le legs. (art. ib.)

SECTION IV.

EXÉCUTION DES TESTAMENS.

Des exécuteurs testamentaires.

§ I.er

Ce que c'est qu'un exécuteur testamentaire.

160. Le testateur peut faire ou ne faire point d'exécuteur testamentaire.

Cet exécuteur n'est, en quelque sorte, qu'un agent provisoire créé par le testateur, pour pourvoir dans les premiers momens qui suivent le décès, aux besoins urgens d'administration, et à l'exécution des volontés particulières du testateur, comme à l'acquit des legs mobiliers et autres objets de détail.

Au défaut d'un tel agent, les héritiers naturels remplissent eux-mêmes les fonctions qui lui sont confiées, et souvent avec plus d'exactitude et à moins de frais (1).

____

(1) Les exécuteurs testamentaires étaient plus connus en pays coutumier qu'en pays de droit

§ II.

Quelles personnes peuvent être exécuteurs testamentaires.

161. Celui qui ne peut s'obliger, ne peut être exécuteur testamentaire. (*art.* 317, *l. des testamens au c.*)

La femme mariée ne peut, sans le consentement du mari, accepter les fonctions d'exécuteur testamentaire. Si elle est séparée de biens, soit par contrat, soit par jugement, au défaut du consentement du mari, elle peut être autorisée par justice, comme il a été dit ailleurs, en parlant de l'exercice des droits de la femme mariée. (*Voir les n°*. 35 *et* 118.)

écrit. Dans les premiers, la distinction des biens en propres, acquêts, etc., exigeant des opérations plus longues et plus compliquées pour arriver à la distribution des biens entre les héritiers des divers ordres, la présence d'un administrateur provisoire était presqu'indispensable. En pays de droit écrit, le testateur ayant de nécessité *institué* un héritier, celui-ci, à moins de non acceptation de sa part, entrait en possession *de plano*, et rendait, pour la plupart des cas, la présence d'un exécuteur testamentaire inutile.

D 2

162. Le mineur ne peut être exécuteur testamentaire, même avec l'autorisation du tuteur ou du curateur.

§ III.

Fonctions de l'exécuteur testamentaire.

163. L'exécuteur testamentaire, s'il existe des héritiers mineurs, interdits ou absens, fait apposer les scélés sur les effets de la succession, et dresser l'inventaire en présence de l'héritier présomptif, ou lui dûment appelé.

Il provoque la vente du mobilier, à défaut de deniers comptans, suffisans pour acquitter les legs.

Il veille à la pleine exécution du testament, et intervient, en cas de contestations, pour en soutenir la validité.

Il doit, à l'expiration de l'année du décès du testateur, rendre compte de sa gestion, et ne peut plus, passé ce terme, conserver la saisine du mobilier qui aurait pu lui avoir été confié par le testateur. (*art.* 320, 315, *l. ib.*)

164. Les pouvoirs de l'exécuteur testamentaire sont personnels, et ne passent point à ses héritiers. (*art.* 321.)

Entre plusieurs exécuteurs testamentaires qui ont accepté et agi en cette qualité, un seul peut agir au défaut des autres ; c'est-à-dire, en leur absence : car un exécuteur testamentaire, qui remplit ses fonctions concurremment avec un autre, ne peut agir seul, sans le consentement de son collègue, si tous les deux se trouvent simultanément sur les lieux. Sans quoi, il pourrait arriver que chacun des deux agirait en sens contraire, d'où résulteraient inévitablement des effets funestes pour la succession.

165. Les exécuteurs testamentaires, en concurrence, sont solidairement responsables du compte du mobilier qui leur a été confié, à moins que le testateur n'ait, à chacun d'eux, donné des attributions particulières, auxquelles ils se soient scrupuleusement tenus. (*art.* 322 , *l. ibid.*)

' Ainsi que nous l'avons déjà vu plusieurs fois, et notamment en parlant des héritiers bénéficiaires (*liv. Ier. chap.* 3 , *sect.* 3 , *n°.* 52), tous les frais légitimement faits par l'exécuteur testamentaire sont à la charge de la succession. (*art.* 100 , *l. des success.* , *et* 323 , *l. des donat. et testam. au c.*)

Il est de toute justice, en effet, que l'héritier bénéficiaire, comme l'exécuteur testamentaire, qui n'ont travaillé que pour l'intérêt de la succession, et à la charge de rendre compte, soient entièrement remboursés de leurs avances.

SECTION V.

DE LA RÉVOCATION DES TESTAMENS, ET DE LEUR CADUCITÉ.

§ I.er

De la révocation des testamens.

Toutes les mesures étant prises pour l'exécution des volontés du testateur, il est rationel d'examiner maintenant les circonstances et les causes qui pourront donner lieu à la révocation de l'acte qui exprime cette volonté, ou qui pourront entraîner sa caducité.

On aurait pu de même, avec tout autant de raison, énumérer ces causes, envisager ces circonstances, avant de passer à l'exposé des règles établies pour la rédaction, le contexte et l'exécution de ces actes ; en bonne logique, même, il faudrait considérer l'institution dans son but et dans ses effets, avant de la considérer dans ses moyens. Mais cette méthode rigoureuse, que l'on doit exiger dans' les ouvrages ayant pour objet les hautes sciences, n'est pas aussi absolument nécessaire dans un ouvrage spécial de jurisprudence. Ici, il suffit que les dispositions, clairement exposées, s'enchaînent d'une manière plus ou moins directe les unes aux autres ; que le lecteur, pour les appliquer au besoin, puisse en saisir facilement les rapports, et les représenter à son esprit, dans l'ordre qui lui paraît le plus convenable et le plus juste.

La marche suivie dans cet ouvrage, au surplus, est la marche même des législateurs : c'est sans doute pour nous la garantie la plus certaine, comme la boussole la plus sûre.

166. Le testament postérieur ne révoque le testament antérieur, que pour la partie qui, dans le premier, est en contradiction avec les dispositions du dernier.

De sorte que, s'il ne se trouve pas formellement *exprimé* dans le testament postérieur, que tout testament antérieur est, par le présent, *révoqué*, les dispositions de l'antécédent qui peuvent subsister, sans contrarier ou éluder les dispositions du postérieur, continuent d'avoir leur effet.

En deux mots, la révocation ne se présume pas, elle doit être formelle et expresse (*art.* 324, 325, *l. ib.*); au contraire de la révocation des donations qui, dans certains cas, (la survenance d'enfans, v. g,) a lieu de plein droit et indépendamment de toute clause contraire. (V. le n°. 122.)

Cette différence prend sa source dans la nature différente des deux sortes d'actes dont il s'agit ici : la donation étant irrévocable, il a fallu prendre en faveur des enfans du donateur tous les moyens possibles pour que la cupidité et l'intrigue ne les dépouillassent point du patrimoine de leur auteur. Le testament étant toujours révocable, la loi doit veiller à ce que la volonté du testateur soit exécutée, jusqu'à révocation expresse, sauf les cas exprimés en l'art. 335, *loi des donat. et test.* (V. le n°. 174.)

167. La révocation faite dans un testament postérieur a tout son effet, quoique ce dernier acte reste sans exécution, par incapacité de l'hé-

ritier institué ou du légataire, ou par leur refus de recueillir. (*art.* 326.)

En effet, le testament qui révoque, pour n'être pas utile à l'héritier, n'en est pas moins un acte dans lequel le testateur a manifesté, d'une manière non équivoque, la volonté où il est de rétracter ses précédentes dispositions.

168. Pareillement, le testateur, en aliénant, même par vente a faculté de rachat, ou par *échange*, tout ou partie de la chose léguée, est censé avoir révoqué le legs, pour tout ce qui fait partie de l'aliénation ou de l'échange ; quand même *l'aliénation serait nulle*, et que l'objet serait rentré dans la main du testateur. (*art.* 327, *l. ib.*)

§ II.

De la caducité des testamens.

169. La disposition testamentaire est caduque, si l'héritier institué n'a pas survécu au testateur.

Toute disposition testamentaire faite sous une condition dépendante d'une manière absolue d'un évènement incertain, sera caduque, si l'héritier institué ou le légataire meurt avant l'évènement. (*art.* 328 *et* 329, *l. ib. liv. III, au code.*)

Il faut ajouter, en tant que la condition sera prise dans l'ordre des choses raisonnables et possibles, et qu'elle ne présentera rien de contraire, ni aux lois ni aux mœurs; autrement, elle serait dérisoire ou prohibée et anéantie par la loi, même indépendamment du décès de l'héritier. (*art.* 190, *l. ib.*)

170. Au contraire, la condition qui, dans l'intention du testateur, ne fait que suspendre l'exécution de la disposition, n'empêchera pas l'héritier institué ou le légataire d'avoir un droit acquis, et transmissible à ses héritiers. (*art.* 330, *l. ib.*)

171. Le legs est caduc,

Lorsque la chose léguée a péri, durant la vie du testateur;

Lorsqu'elle a péri, même depuis sa mort:

S'il n'y a ni du fait ni de la faute de l'héritier, et quoique celui-ci ait été mis en retard de la délivrer, lorsque la chose eût également dû périr entre les mains du légataire.

Espèce : une maison a été léguée à Blaise

Pascal ; le légataire a mis en demeure l'héritier de lui livrer la chose. La maison, avant d'avoir été livrée, est renversée par un tremblement de terre, consumée par la foudre ou incendiée par l'ennemi ; comme ces évènemens eussent également fait périr la chose dans les mains du légataire et dans celles de l'héritier, l'effet a été anéanti avec la cause, et le legs n'existe plus.

Mais si la chose léguée consistait en un cheval limosin, par exemple, qui aurait péri entre les mains de l'héritier, après que celui-ci aurait été mis en demeure de le livrer, la perte de la chose resterait à la charge de l'héritier, parce que le légataire pourrait prétendre, avec raison, que l'animal aurait été conservé par ses soins. Il faut excepter le cas d'une épizootie générale et bien constatée, qui rentre dans les circonstances de force majeure.

Enfin, il ne suffirait pas que la chose eût été enlevée par l'ennemi, ou eût péri par un évènement, particulier au lieu qu'habite l'héritier, si le légataire en habite un autre, auquel ne se soit pas étendu le fléau ou l'accident. Car, alors, le légataire peut dire que c'est à la négligence et au retard de l'héritier à délivrer la chose, qu'est due sa perte, et cette raison lui suffit.

172. La répudiation ou l'incapacité de l'héritier ou du légataire rend la disposition testamentaire caduque: (*art.* 332, *l. ib.*)

Cette caducité, n'étant que relative, ne s'étend qu'à l'institué ou au légataire, répudiant ou incapable de recueillir, et n'annulle pas le testament à l'égard des autres co-héritiers ou légataires.

De l'accroissement du legs.

173. Il y a lieu à accroissement au profit des légataires, lorsque le legs est fait à plusieurs *conjointement.* Le legs est réputé fait conjointement, lorsqu'il l'est par une seule et même disposition, et que le testateur n'a pas assigné la part de chacun des co-légataires dans la chose léguée.

Il est encore réputé fait conjointement, lorsqu'il l'a été, dans les mêmes circonstances, d'une chose, non susceptible d'être divisée sans détérioration : la chose eût-elle été donnée à plusieurs personnes *séparément.*

Il est libre à chacun des légataires, au profit

desquels il y a eu accroissement , de faire cession de leurs droits , sur la chose accrue , comme de tous autres droits indivis ; même de provoquer la vente par licitation , comme il est expliqué en l'art. 117, l. ibid. V. le n°. 55 au liv. Ier. de cet ouvrage.

§ I I I.

Causes de la révocation des testamens , par le fait des héritiers ou légataires.

174. Les causes qui autorisent la révocation des donations entre-vifs, (*art.* 244; *et* 245, *dans les deux premières dispositions , l. des donat. au c. ; n°.* 122.) autorisent pareillement la demande en révocation des dispositions testamentaires. (*art.* 335, *l. ib.)*

Ces causes sont :

L'inexécution des conditions imposées ;

La tentative de l'homicide de la part de l'héritier ou légataire à l'égard du testateur ;

Les sévices, délits ou injures graves , commis à l'égard du testateur.

Il est inutile d'ajouter que cette demande en révocation ne pourra être formée que par les héritiers naturels du défunt, appelés et capables; parce qu'eux seuls ont des droits à la succession du défunt, et parce que seuls ils ont reçu de la loi le privilége de venger sa mémoire : il ne sera pas moins superflu de dire que la demande en révocation ne concerne pas le testateur, toujours libre de révoquer purement et simplement, par un nouvel acte de sa volonté, celui qui contient des dispositions qu'il n'approuve plus.

La demande fondée sur une injure grave, faite à la mémoire du testateur, doit être formée dans l'année, à compter du jour du délit. (*art.* 336, *l. ib.*) Voyez ce que nous avons dit sur ce qu'il faut entendre par *injures graves*, n°. 123, pag. 37 *et* 38, *liv. II.*

CHAPITRE IV.

Dispositions permises en faveur des petits-enfans du testateur ou donateur, ou des enfans de ses frères et sœurs.

Partages faits par les ascendans entre les descendans.

SECTION PREMIÈRE.

§ Ier.

Dispositions permises en faveur des petits-enfans du testateur ou donateur, ou des enfans de ses frères et sœurs.

175. LES substitutions furent abolies par le décret du 14 novembre 1792, la loi *des testamens au code* ne les fait pas revivre, elle les prohibe au contraire. *(art.* 186. *)* Elle stipule seulement, à l'égard des pères et mères, la faculté de disposer de la quotité disponible en faveur de leurs enfans, avec la charge à ceux-ci de rendre les biens donnés aux enfans des-dits donataires, nés et à naître, au *premier degré seulement. (art.* 337, *l. ib.)*

Celui qui laisse un enfant au moins, à son décès, ne peut disposer que de la moitié de ses biens ; mais il en peut disposer en faveur de qui bon lui semble. C'est là le droit que lui donne la loi actuelle. Ainsi, qu'il fasse porter sa libéralité sur ses petits - enfans ou sur ses enfans, puisqu'elle est toujours restreinte à la quotité disponible, le donateur ne fait tort, ni à ses enfans, ni à ses autres héritiers, au défaut d'enfans existans.

176. La loi permet aussi à celui qui meurt sans enfans de disposer, au profit d'un ou plusieurs de ses frères ou sœurs, à la charge par les donataires de rendre les biens donnés à leurs propres enfans, nés ou à naître, *au premier degré seulement*.

Mais les unes et les autres dispositions ne sont permises et valables qu'autant que le bénéfice de la restitution est étendu *à tous* les enfans du grevé, nés ou à naître, indistinctement, sans *exception ni préférence* d'age ou de sexe. (*art.* 338 *et* 339, *l. ibid.*)

177. Si le grevé a été prédécédé par un ou plusieurs des enfans, au profit desquels est prescrite la restitution, leurs descendans, s'il en existe, viennent prendre leur place, par droit

de représentation , comme dans les circonstances ordinaires : voir les articles 29 et 30 ,
section de la représentation à la loi des
successions au code, et le n°. 27 de cet
ouvrage, qui y correspond.

178. Le donataire, enfant, frère ou sœur ,
auquel a été faite une donation par acte entre-
vifs, sans charge de restitution, qui accepte
une libéralité nouvelle , faite par acte entre-
vifs ou testamentaire , sous la condition que
les biens précédemment donnés , demeureront
grevés de cette charge , ne peut plus diviser les
deux dispositions, et renoncer à la seconde pour
s'en tenir à la première, quand même il of-
frirait de rendre les biens compris dans la dernière. *(art.* 341 *, l. ib.)*

§ I I.

De l'ouverture et de l'exercice des
droits des appeles par le mode inter-
médiaire.

179. Les droits des appelés par le mode intermédiaire, sont ouverts à l'époque où cesse ,
par quelque cause que ce soit, la jouissance du

grevé ; mais l'abandon anticipé de la jouissance, ne peut préjudicier aux créanciers du grevé, antérieures à l'abandon. (*art.* 542, *l. ib.*)

Par ce mot *créancier*, il est nécessaire de n'entendre que les créanciers qui ont privilége sur les revenus du grevé, puisque ce dernier n'a pu créer d'hypothèques sur les biens donnés, dont il n'a que la jouissance.

180. La femme du grevé n'a, sur les biens à rendre, de recours subsidiaire, en cas d'insuffisance des biens libres, que pour le capital des deniers dotaux, et seulement dans le cas où le testateur l'aurait expressément ordonné.

Ces mesures ont été prises, afin que les intentions du testateur fussent scrupuleusement remplies ; pour que les grevés n'abusassent pas des avantages de leur situation ; enfin, pour que les appelés par le mode intermédiaire, dans le seul cas d'exception de la loi à leur égard, reçussent, dans leur intégralité, les biens à eux destinés.

181. Le testateur qui appèle à sa succession ses petits-enfans ou ses neveux, par le mode intermédiaire, peut, s'il le juge à propos, par le même acte ou par acte subséquent en forme authentique, faire choix d'un tuteur pour l'exé-

cution de sa disposition , lequel ne peut être dispensé que pour les causes qui dispensent le tuteur ordinaire. (*V. la loi sur la minorité et les tutèles , sect.* 6.)

Au défaut de ce tuteur , le grevé, ou le tuteur du grevé si celui-ci est mineur, en fait nommer un dans le mois, à partir du jour du décès du testateur, ou du jour auquel la disposition a été connue.

, La loi impose au grevé qui n'aurait pas satisfait à cette disposition , la peine de la déchéance du bénéfice de la disposition ; déclare ouvert au profit des appelés , s'il en existe, le droit à la succession, et autorise tous tuteurs , parens ou intéressés, même le commissaire du gouvernement près le tribunal de première instance, d'office, à requérir l'application de la peine encourue par le grevé. (*art*. 336.)

. 182. Au décès du donateur, le grevé, comme l'héritier bénéficiaire , fait procéder , dans les formes et dans les délais ordinaires , en présence du tuteur (*V. le n*°. 45 *sec. du bénéf. d'inv*.) à l'inventaire de tous les effets de la succession , excepté le cas où il ne s'agirait que d'un legs particulier.

Au défaut d'inventaire, fait par le grevé dans le délai ci-dessus déterminé, le tuteur, préposé à l'exécution, y fait procéder, dans le mois suivant, en présence du grevé ou du tuteur de celui-ci.

Ensorte que, dans tous les cas, l'inventaire doit être parfait dans les deux mois qui suivent le décès du donateur ou testateur, ou le jour auquel a été connue la disposition qui établit la charge de restitution. (*art.* 347, 348 *et* 349, *l. ib.*)

Mais si, tout à-la-fois, et le grevé et le tuteur à l'exécution avaient négligé de faire inventaire, il doit y être procédé à la diligence des parens et autres personnes dont il est parlé au n°. 181, en appelant le grevé ou son tuteur, ou bien le tuteur préposé à l'exécution. (*art.* 350.)

183. Le grevé est tenu de faire procéder, par affiches et enchères à la vente de tous les meubles et effets compris en la disposition, à l'exception de ceux que le donateur aurait ordonné, par condition expresse, de conserver en nature, lesquels devront être rendus dans l'état où ils se trouveront à l'époque de la restitution.

Les bestiaux et ustensiles servant à l'exploita-

tion des terres, étant censés compris dans la donation desdites terres, ne seront pas non plus
vendus, mais prisés et estimés, pour la valeur
en être rendue au jour de la restitution.

Le greyé fera, dans les six mois, du jour
de la clôture de l'inventaire, emploi des deniers
comptans, de ceux provenant du prix des meubles vendus, comme il a été dit, et de la rentrée
des effets actifs. (*art.* 351 , 352 , 353 ; *et*
354 , *l. ib.*)

Le délai de six mois pourra être prolongé, s'il
y a lieu. — La loi ne dit pas par qui la prolon-
gation du délai pourra être prononcée ; mais il
est évident, d'après l'esprit des dispositions qui
composent cette section , que c'est avec le tuteur que le grevé doit s'entendre pour la fixation
u délai supplémentaire dont il est ici question ;
uisque c'est lui que la loi charge de veiller spé-
ialement aux intérêts des appelés, et que c'est
lui de juger de l'étendue des délais nécessaires
u grevé pour remplir les obligations diverses
ui lui sont imposées.

Dans le cas de contestation entre le grevé et
tuteur, le tribunal de première instance est
juge naturel des parties.

184. Le grevé est tenu de faire emploi des deniers provenans de remboursemens de rente, dans trois mois au plus tard, après la perception de ces deniers : et cet emploi ne doit être fait qu'en immeubles, ou avec privilége sur des immeubles, à moins que l'auteur de la disposition ait désigné la nature des effets dans lesquels doit être fait l'emploi.

185. L'emploi prescrit aux deux nombres qui précèdent doit être fait, en présence et à la diligence du tuteur nommé pour l'exécution.

§ III.

FORMES EXTRINSÈQUES.

Transcription des dispositions par donations et testamens, faites avec charge de restitution.

186. De même que nous l'avons vu, pour les donations entre-vifs, n°. 114, l'acte contenant des dispositions à charge de restitution, donation ou testament, doit être rendu public, pour les immeubles, par la transcription des actes sur les registres au bureau des hypothèques du lieu de la situation, et pour les sommes col-

loquées avec privilége sur immeubles, par l'inscription sur les biens affectés au privilége.

Le défaut de transcription peut, comme dans le cas de donations entre-vifs ordinaires (n°. 115) être opposé par les créanciers aux tiers acquéreurs, même au mineur ou interdit, sauf le recours contre le grevé et contre le tuteur à l'exécution ; et néanmoins sans que les mineurs ou interdits puissent être restitués contre le défaut de transcription, au cas d'insolvabilité dans les grevés et tuteurs. (*art.* 358 , 359.)

Le défaut de transcription ne pourra être regardé comme couvert par la connaissance que les créanciers ou les tiers acquéreurs auraient eu de la disposition, par des voies , autres que celle de la transcription. (*art.* 360 , *l. ib.)*

Toujours la même sévérité, la même impassibilité dans la loi : rien ne peut suppléer les formalités qu'elle prescrit; rien ne peut sauver du malheur qui suit leur inexécution ceux à qui elles étaient imposées, fussent-ils mineurs, interdits, fût-ce une femme mariée : c'est que ces formes importent essentiellement au maintien des propriétés de tous, au repos, à la sécurité de chacun, et que le législateur n'a pu ni dû en affranchir personne, quelle que fût sa condition civile, sous le rapport de l'âge, du sexe ou des infirmités, en raison du grand intérêt de la majorité des membres de l'association à leur exécution rigoureuse.

187. Le défaut de transcription, toutefois, ne pourra être opposé aux appelés par les donataires, légataires ou héritiers légitimes du donateur, ni par les donataires, légataires et héritiers de ceux-ci. (art. 561.)

Si cela était autrement, il arriverait trop souvent que les héritiers ou légataires, au nombre desquels se trouvent le plus ordinairement les grevés et les tuteurs, spécialement chargés de faire procéder à la transcription, négligeraient sciemment et à dessein la formalité requise, pour dépouiller l'appelé et recueillir eux-mêmes le fruit d'une infraction préméditée. Les intentions du donateur se trouveraient ainsi éludées, par le fait même de ceux qu'il aurait chargé de les remplir.

Responsabilité du tuteur.

188. Le tuteur, à l'exécution des dispositions faites à charge de restitution, est *personnellement*

lement responsable, au cas où il ne se soit pas, en *tous points*, conformé aux règles établies plus haut, pour constater l'état des biens, pour la vente du mobilier, l'emploi des deniers, la transcription et l'inscription, et, en général, s'il n'a pas fait toutes les diligences nécessaires pour que la charge de l'institution fût bien et fidèlement remplie. (*art.* 362.)

Le grevé mineur ne peut, dans le cas même de l'insolvabilité de son tuteur, être restitué contre l'inexécution des règles qui lui sont prescrites dans les nombres précédens. (*art.* 363.)

Avertissement au testateur et au donateur, qui se servent du mode intermédiaire pour appeler des héritiers à recueillir leurs successions, de porter dans le choix qu'ils font du tuteur pour l'exécution de leur volonté, toute l'attention dont ils sont capables, puisque c'est de la moralité et de la conduite de ce mandataire, que dépendra le plus souvent cette exécution, et la conservation pour les héritiers appelés des biens que leur a destinés le défunt.

* *Code des Succes. An XI.* E

SECTION II.

Partages faits par pères et mères entre leurs descendans.

189. Les pères, mères et autres ascendans ont la faculté de faire eux-mêmes le partage de leurs biens entre leurs enfans et les descendans d'eux : et ce partage sera sans doute ordinairement le mieux fait et le plus juste.

Cependant, la loi prévoyante a dû chercher à défendre les pères eux-mêmes de préventions favorables ou défavorables ; d'une prédilection souvent aveugle, pour un ou plusieurs de leurs enfans. Elle établit l'exercice d'un droit de lésion en faveur de celui qui aurait souffert un trop grand dommage. Le père, d'ailleurs, ne peut accorder à un ou plusieurs, dans le partage qu'il fait entre ses enfans, au-delà de la quotité disponible. Ces sages restrictions, inutiles sans doute pour la plupart des hommes, seront un frein salutaire aux préventions injustes, ou à des passions encore plus condamnables.

Règles de ce partage.

190. Les partages faits par les ascendans, peuvent l'être par acte entre-vifs ou testamentaire, avec les formalités, conditions et règles prescrites pour les donations et testamens.

Si tous les biens que laisse l'ascendant à son décès, n'ont été compris dans le partage, les objets non divisés sont partagés ultérieurement, d'après les règles ordinaires établies pour le partage entre enfans, c'est-à-dire, par portions égales, s'il n'existe pas de dispositions ; ou d'après les bases de la disposition légale, s'il en existe une.

Le partage est nul pour le tout, s'il n'a pas été fait entre *tous* les enfans *existans à l'époque du décès,* ou les descendans de ces enfans prédécédés. Il en pourra être provoqué un de nouveau dans la forme légale, par les enfans ou descendans qui n'auraient pas concouru au premier, ou même par ceux qui y auraient concouru. (*art.* 365, 366, 367, *l. ib.*)

191. La lésion de plus du quart est admise en faveur des descendans des co-partageans, ainsi que dans le cas où il résulterait du par-

tage et des dispositions faites par préciput, que l'un des part-prenans aurait eu un avantage plus grand que ne le permet la loi. (*art.* 368.)

Ceci a besoin de quelqu'explication : pour concevoir l'existence d'une lésion de plus du quart, dans le partage fait entre enfans, il faut supposer que, par l'effet de l'opération, l'un des enfans aurait recueilli moins des trois quarts de la portion patrimoniale que lui assure la loi.

Avant de fixer cette portion légale, ou légitimaire, selon l'ancien langage de la jurisprudence, tout le monde sait qu'il faut prélever la quotité disponible dont le pèe a pu gratifier un ou plusieurs enfans, ou même des étrangers.

Ainsi, Armand, décédé, laissant deux enfans et une fortune liquide de 3000 fr., n'a pu disposer que du tiers, en faveur de l'un d'eux ou autrement; et le moins favorisé des deux doit recueillir, au moins, dans la succession de son père, les trois quarts de 1000 fr., ou de la moitié de la masse non disponible. Ces trois quarts, dans l'espèce, sont 750 fr. pleins : le partage qui ne les lui attribuerait pas est sujet à être attaqué pour cause de lésion.

Quant à celle qui résulterait de l'avantage plus que légal fait par le père ou l'ascendant, elle est toujours facile a déterminer, d'après le nombre des enfans du défunt, et l'évaluation de ses biens. Les frais de l'estimation sont avancés par celui qui attaque le partage, et supportés par lui en définitif, ainsi que les dépens de la contestation, si l'évènement ne justifie pas ses prétentions. (*art.* 369.)

Nous avons, dans les deux dernières sections, parcouru tout ce qui est relatif aux dispositions permises en faveur des petits-enfans ou des neveux des donateurs, aux partages faits entre enfans par les ascendans.

Pour épuiser entièrement la matière des successions, il ne reste qu'à nous occuper des avantages faits aux époux par contrat de mariage, et des dispositions, réciproques ou non, faites entre époux, avant ou durant le mariage.

Ce chapitre important, qui ne sera véritablement complet qu'après la publication du titre du code, *de la communauté*, terminera le texte de l'ouvrage.

CHAPITRE V.

AVANTAGES FAITS AUX ÉPOUX.

Donations par contrat de mariage, faites aux époux ou aux enfans à naître du mariage ;

Dispositions entre époux par contrat de mariage ou durant le mariage.

SECTION PREMIÈRE.

Donations faites aux époux ou aux enfans à naître du mariage, par les contrats de mariage.

192. LES donations entre-vifs, faites par contrat de mariage aux époux ou à l'un d'eux, quoique présentant dans leurs effets un mode particulier, sont assujéties, pour les formes intrinsèques, aux règles générales prescrites pour les donations éntre-vifs.

Elles ne peuvent être faites au profit des enfans à naître, que sous la condition et dans les cas énoncés aux art. 337, 338 et 339 *de la loi des donations.* (V. les n°°. 175 et 176, *art. 370, l. ib.*)

Toute personne, qu'elle soit parente ou non des époux, peut, par contrat de mariage, donner, la quotité disponible de ses biens, (quotité toujours relative, comme nous l'avons vu,) telle qu'elle existera au jour de son décès, soit aux époux, soit aux enfans à naître de leur mariage, en cas que le donateur survive à l'époux donataire ;

La donation par contrat de mariage, quoique faite seulement au profit des époux ou de l'un d'eux, dans le cas de survie du donateur, est toujours présumée faite au profit des enfans et descendans à naître du mariage. (*art.* 371.)

Mais, si le donateur survit à l'époux donataire et à sa posterité, la donation devient caduque. (*art.* 378.)

Cette disposition est très-remarquable, en ce qu'elle présente une différence bien tranchée entre les donations faites par contrat de mariage, et les donations entre-vifs ordinaires :

Les biens qui font l'objet des donations par contrat de mariage, remontent à leur source, par le prédécès du donataire et de sa postérité, s'il en a existé : ils ne deviennent point le patrimoine des héritiers naturels ou institués du donataire. Tandis qu'au contraire l'effet de la donation entre-vifs ordinaire est de saisir le donataire, au moment même de l'acceptation, de la propriété actuelle et réelle des biens donnés, de l'en rendre le maître, en telle sorte que son droit soit, dès cet instant, transmissible à ses héritiers, (*art.* 228, *l. des don.*) sauf les cas de révocation prévus par la loi.

193. La donation faite aux époux sera seulement irrévocable en ce sens, que le donateur ne pourra plus disposer à titre gratuit, des objets compris dans la donation, si ce n'est pour sommes modiques à titre de récompense ou autrement ; (*art.* 372.) comme des legs à des domestiques, ouvriers, etc.

La donation par contrat de mariage pourra de plus être faite cumulativement des biens présens et *à venir*, pour la partie ou pour le tout ; au lieu que la donation entre-vifs ordinaire ne peut comprendre que les biens présens. (*n.*° 116.) Seulement, lorsque la donation par contrat de mariage portera sur des biens à venir, elle devra être accompagnée de l'état des dettes et charges du donateur, existantes au jour de la donation. Au moyen de cet état, il sera libre au donataire, au décès du donateur, de s'en tenir aux biens présens, en renonçant aux biens survenus au donateur depuis la donation.

Faute de l'existence d'un pareil état, annexé au contrat de mariage, le donataire sera obligé d'accepter ou de répudier pour le tout; et sera, en cas d'acceptation, tenu du paiement de toutes les dettes et charges de la succession, sans pouvoir réclamer les biens, autres que ceux existans au jour du décès du donateur. *(art.* 373 *et* 374, *l. ib.)*

194. Le donateur peut imposer au donataire toutes les conditions possibles dans l'ordre de la raison et de la loi : comme de payer indistinctement toutes les dettes et charges de sa succession et autres; et le donataire est tenu d'accomplir ses conditions, ou de renoncer à la donation.

Si le donateur s'est réservé la liberté de disposer d'un effet compris dans la donation des biens présens, ou d'une somme fixe à prendre sur ces biens, l'effet ou la somme, s'il meurt sans en avoir disposé, seront censés compris dans la donation et appartiendront au donataire ou à ses héritiers. *(art.* 375, *l. ib.)*

Au contraire, la donation entre-vifs ordinaire est nulle, si elle est faite sous une condition qui puisse dépendre de la seule volonté du donateur.

Si ce dernier s'est réservé la faculté de jouir d'une somme ou d'un effet donné, et qu'il meure sans y avoir pourvu, l'effet ou la somme reviennent aux héritiers du donateur, et non à ceux du donataire. N°. 116.

Condition nécessaire à la validité des donations entre-vifs ordinaires, qui ne l'est point à celle des donations par contrat de mariage (l'acceptation.)

195. La donation faite par contrat de mariage ne peut être attaquée, ni déclarée nulle, pour le défaut d'acceptation. (*art.* 376 *, l. ib.*)

Règles générales.

196. Toute donation faite en faveur de mariage sera caduque, si le mariage ne suit pas. *(art.* 377.*)*

Toutes les donations faites aux époux par

contrat de mariage seront réductibles, lors de l'ouverture de la succession du donateur, à la quotité disponible. *(art. 379.)*

Rien ne fait exception à ce principe établi pour la disponibilité des biens; et les limites fixées par la loi ne peuvent jamais être dépassées.

Section II.

Dispositions entre époux, soit par contrat de mariage, soit durant le mariage.

197. (1) Le contrat de mariage étant, de sa nature, celui de tous les actes qui s'accommode le plus au besoin et aux volontés des parties, celui qui n'impose aucune entrave, qui peut recevoir toutes les conditions, toutes les stipulations possibles, dans l'ordre des choses permises et raisonnables, est aussi l'acte que la loi désigne aux époux pour être le dépositaire de toutes leurs volontés.

---

(1) Pour éviter une inutile répétition de mots, nous prévenons, en commençant cette section, que par donation entre époux, il sera toujours entendu que c'est la donation faite par contrat de mariage dont nous parlons.

Les donations simples ou réciproques que peuvent se faire les époux, sont assujéties aux règles suivantes.

Les époux peuvent se faire telle donation qu'ils jugent à propos ;

Mais la donation entre-vifs de biens présens n'est point censée faite sous la condition *de survie* du donataire, si cette condition n'est *formellement* exprimée.

La donation ci-dessus est soumise à toutes les règles et formes prescrites pour les donations entre-vifs.(*V. la sec. prem. chap.* 2, *liv.* 2, *de la forme des donations;* n°. 112, 114 et suiv.)

La donation de biens à venir ou de biens présens et à venir, simple ou réciproque, faite entre époux, est soumise aux règles précédemment établies, voyez le n°. 193, avec cette différence que l'effet n'en sera point transmissible aux enfans issus du mariage, au cas du décès de l'époux donataire, avant l'époux donateur. (*art.* 380, 381 *et* 382.)

La raison de cette différence dans la transmission, établie entre la donation faite par des tiers aux époux, et la donation faite par l'un à l'autre époux, est facile à saisir. L'esprit de la donation de la première espèce est évidemment

d'étendre aux enfans à naître du mariage le bienfait, qui a sa cause et sa source dans le mariage
lui-même : tandis que , dans l'union des deux
époux, le but commun étant l'avantage égal
et la prospérité commune de tous les membres
de la famille future, il ne peut pas avoir été
dans l'esprit de l'époux donateur , au cas où
l'époux donataire vienne à prédécéder, de faire
passer exclusivement l'effet de la donation aux
enfans existans à l'époque du décès, au préjudice des enfans qu'il pourra devoir à un subséquent mariage.

Il a fallu prémunir de jeunes époux, sans
expérience, dans l'âge où l'on s'abandonne le
plus volontiers à toute la douceur des affections
tendres et vives , où , sans autre guide que
l'impulsion même du cœur , on se plaît à pro-
diguer à l'objet chéri toutes les marques d'un
mutuel attachement ; il a fallu les prémunir
contre leur propre générosité, et veiller à ce
que le fruit, quelquefois unique, d'une première union , ne recueillît à lui seul ou ne
transmît à ses héritiers, au préjudice de frères
puînés, provenus d'un autre mariage, les libéralités que l'un de ses auteurs a dues aux affections de l'autre.

198. L'époux, soit par le contrat de mariage, soit *pendant* le mariage, peut pour le cas où il ne laisserait point d'enfans ou descendans d'eux, disposer, en propriété, en faveur de l'autre époux de tous ses biens disponibles, et, en outre, de l'usufruit de la totalité des biens dont la loi prohibe la disposition;

Et pour le cas même où l'époux donateur laisse des enfans ou descendans d'eux, il peut donner à l'autre un quart en *propriété* et un quart en *usufruit*, ou la moitié de tous les biens en *usufruit seulement.* (*art.* 383.)

199. Les donations faites, entre époux, *pendant le mariage*, quoique qualifiées entre-vifs, sont *toujours* révocables.

La révocation peut être faite par la femme, sans autorisation ni du mari ni de justice.

Autrement cette faculté serait presque toujours illusoire.

La donation entre époux n'est point révoquée par la survenance d'enfant; parce que cette espèce de donation est faite implicitement en faveur des enfans.

Les époux ne peuvent, *durant le mariage*, se faire aucune donation mutuelle ou réciproque, par acte entre-vifs ou par testament, par un seul et même acte. (V. l'art. 258, l. *des testamens.*)

Cette disposition de forme a pour objet d'obvier aux difficultés qui se sont souvent élevées sur la question de savoir si, dans le cas de donation à cause de mort, ou de testament, faits par le même acte, et par deux époux, l'époux survivant conservait ou non, après le décès de son conjoint, le droit de révoquer l'acte de libéralité pour ce qui le concernait. Ces sortes de questions étaient très-difficiles à résoudre, sans blesser le droit naturel de l'époux survivant, ou les droits des héritiers de l'époux décédé. Dans l'ordre actuel, de pareilles questions ne pourront plus se reproduire.

200. La personne qui, ayant des enfans d'un autre lit, contracte un subséquent mariage, ne peut donner à son nouvel époux qu'une part d'enfant légitime moins prenant, et, dans aucun cas, cette donation ne peut excéder, au total, le quart des biens. (*art.* 387, *l. ib.*)

La part d'enfant moins prenant, n'indique qu'une quotité relative, puisque cette part dépend d'une infinité de circonstances qui varient, pour ainsi dire, autant que les individus, du moins dans l'ordre des successions testamentaires. Avant de la déterminer, on a à examiner les diverses dispositions entre - vifs, par contrat de mariage ou testamentaires, le nombre d'enfans, leur qualité de légitimes ou d'illégitimes, le nombre des créanciers, etc.

Nous pouvons établir ici la part d'un enfant moins prenant, dans une espèce donnée.

N. Montesquieu a été marié deux fois ; deux enfans sont provenus du premier mariage, trois du second : on demande ce qu'il aura pu donner à sa seconde épouse ? Montesquieu a laissé une fortune de 150,000 fr. ; il a donné, par contrat de mariage, au second de ses enfans, le tiers de ses biens, libéralité qui, par la survenance de nouveaux enfans, se trouve réduite au quart. (*art.* 579.)

La donation faite à l'un des enfans du premier lit étant irrévocable, et ayant épuisé la totalité de la portion disponible, Montesquieu, en ce cas, n'a pu faire aucun avantage à sa seconde épouse. Mais, si nous supposons que le père défunt n'ait encore disposé d'aucune partie de ses biens, à l'époque de son second mariage, alors le défunt aura pu donner la part de l'enfant moins prenant, pourvu qu'elle n'excède pas le quart de la succession totale.

Pour faire la part du moins prenant, nous soustrairons d'abord du capital principal, pour une créance hypothécaire et les intérêts, 37,500 f.

Capital...................... 150,000 fr.

Créance à déduire, ci...... 37,500

Masse liquide à répartir entre les cinq enfans................. 112,500

Le cinquième pour le moins prenant, qui, dans l'espèce, est traité à l'égal de ses quatre frères, serait de.................... 22,500 fr.

Mais la seconde épouse donataire devant retirer comme l'enfant moins prenant, elle tient, ici, la place d'un sixième enfant. Ainsi, au lieu de calculer la portion du moins prenant, à raison du cinquième, il ne la faudra plus calculer qu'à raison du sixième ; car autrement, la part de la veuve excéderait celle de l'enfant moins prenant. Nous aurons donc pour l'un des enfans le sixième de........ 112,500 fr. qui nous donne............. 18,750 fr.

La portion du moins prenant se trouvant ainsi fixée, la quotité dont Montesquieu, père, a pu disposer en faveur de sa seconde épouse, demeure fixée à 18,750 f. ; cette somme n'excédant pas le quart des biens, n'est pas réductible.

Ces opérations, comme nous l'avons dit, se modifient à l'infini ; mais elles sont assez simples pour être facilement entendues et exécutées, par les hommes un peu exercés en affaires ; la difficulté principale, c'est de déterminer et de fixer la masse liquide, parce que dans cette détermination entrent les rapports, les créances, les droits des héritiers naturels, les donations, les legs ; et qu'il faut avoir une parfaite intelligence de tout le système de la loi, pour en appliquer les dispositions à chacun des appelés, et s'arrêter juste au point qu'elle a indiqué.

201. Les époux ne peuveut se donner *indirectement* au-delà de ce qui leur est permis par les précédentes dispositions, et toute donation déguisée, ou faite à personnes interposées, est nulle.

Sont réputées personnes interposées, les enfans de l'époux donataire, issus d'un autre mariage, et les parens dont l'époux donataire se trouve l'héritier présomptif au jour de la donation ; encore que ce dernier n'ait point survécu à son parent donataire. (*art.* 388, 389 *l. ib.*)

Dispositions particulières.

Le mineur ne peut, par contrat de mariage, donner à l'autre époux, par donation simple ou réciproque, qu'avec le consentement et l'assistance de ceux dont le consentement est requis pour la validité du mariage; au moyen de ce concours, il peut, comme le majeur, donner à l'autre conjoint tout ce qui est permis par la loi. (*art.* 384 , *l. 2. liv. III , au c.*)

* * *

APERÇU GÉNÉRAL

SUR LES DIVERSES SORTES DE DONATIONS ENTRE-VIFS.

En parcourant attentivement ce second livre, le lecteur aura remarqué qu'il existe trois classes distinctes de donations entre-vifs :

Donations entre-vifs ordinaires , faites par toutes personnes, à toutes personnes, ou à des établissemens publics ;

Donations faites par contrat de mariage , par les ascendans aux descendans , ou par des tiers en faveur du mariage ;

Donations faites entre époux , avant ou durant le mariage.

Ce qu'il y a d'important à observer en général, sur ces trois sortes d'actes de libéralité, ce sont les différences principales qu'ils affectent dans leur forme et dans leurs effets.

Toutes les donations doivent être rédigées en forme authentique, c'est-à-dire, par acte public; qu'elles soient faites par un acte exprès, ou renfermées dans un contrat de mariage.

Pour les donations de la première classe, on se rappèle qu'elles doivent, à peine de nullité, être acceptées et transcrites aux bureaux des hypothèques de l'arrondissement, toutes les fois qu'elles sont faites de biens susceptibles d'hypothèques.

Elles ne peuvent comprendre que les biens présens.

Enfin, elles sont, de leur nature, irrévocables, sauf les exceptions exprimées en l'art. 245 de la loi 2, l. III. au code, et la stipulation du droit de retour, au cas de prédécès du donataire.

Les donations, par contrat de mariage, faites aux époux par les ascendans ou des tiers, ne sont pas d'une manière absolue assujéties à la formalité de l'acceptation.

Elles peuvent comprendre les biens présens et à venir;

Elles deviennent caduques, par le prédécès du donataire et de ses descendans, sans qu'il soit besoin de stipuler le droit de retour, comme dans les donations de la première classe.

D'un autre côté, la cause d'ingratitude, qui fait révoquer les donations entre-vifs ordinaires, n'opère point le même effet pour les donations faites par contrat de mariage.

La troisième classe des donations a encore ses règles particulières : ce qui distingue sur-tout celles-ci, c'est qu'elles sont toujours révocables, qu'elles soient, ou non, qualifiées entre-vifs ; et de plus, leur effet n'est pas transmissible aux enfans de l'époux donataire, lorsque celui-ci prédécède l'époux donateur.

Telles sont les plus remarquables modifications que présentent les donations entre-vifs.

FIN DU SECOND LIVRE.

OBSERVATION

SUR L'EXÉCUTION DE L'OUVRAGE.

Si l'on a pris la peine de lire ce travail avec quelqu'attention, on aura vu que nous ne nous sommes pas toujours attaché à indiquer l'esprit des lois nouvelles sur les successions. Les discours qui terminent les deux volumes, sont plus que suffisans pour cet objet ; ils réunissent le double avantage d'être, en quelque sorte, officiels, en même tems qu'ils présentent le résultat de toutes les vues développées dans les discussions qui ont eu lieu au conseil d'État ; ils sont comme le procès-verbal des deux lois. Nos éloges ne sauraient rien ajouter à leur mérite. Nous avons dû éviter de redire moins bien ce qu'ont déjà bien dit les deux rapporteurs du conseil d'État : voilà notre réponse aux personnes qui auraient pu trouver un peu secs certains chapitres du code des successions. Souvent, en effet, nous nous sommes astreints à ne faire que rappeler assez rapidement les dispositions principales de la loi, sans autre explication. Les lecteurs exercés auront cependant bien senti, du moins nous osons l'espérer, qu'il ne nous eût pas été très-difficile de remplir des pages, en commentant, en alongeant : notre but n'était pas cela. Nous n'avons eu la prétention de faire qu'un *Manuel des successions*, destiné à toutes les classes des gens de loi, et assez complet pour les usages journaliers. Cette déclaration n'était peut-être pas inutile ; mais, pour ne lui donner pas plus d'importance qu'il ne faut, nous l'avons placée à la fin.

MODÈLE, N°. Ier.

Citation en action de partage, faite à la requête d'un ou plusieurs co-héritiers, à d'autres co-héritiers, en exécution de l'art. 112 de la loi du 29 germinal an 11, sur les *successions au code.*

(V. chap. IV, pag. 72, au 1er. vol.)

LE   ventôse, an   de la *République,* à la réquisition de *Nicolas Gilbert, Citoyen français, jouissant de ses droits civils, habitant à Remiremont, département des Vosges;*

Je soussigné Marc-Antoine Philippe, huissier public, pourvu de patente, etc., exerçant mes fonctions près le tribunal de première instance dudit Remiremont, y demeurant, rue   etc., déclare m'être transporté au domicile et devers la personne du C. Alexandre Gilbert, habitant de Mirecourt, susdit département, distant de mon domicile de   myriamètres, auquel, de la part dudit C. Nicolas Gilbert, j'ai notifié que ce dernier veut, en définitif, faire procéder au partage de la succession de feu Anatoile Gilbert, oncle commun, dans laquelle ledit requérant entre pour un quart de la totalité : partage qui a été retardé

* *Code des Successions. An XI.*   F

depuis près d'un an, par les délais qu'y a apportés ledit C. Alexandre Gilbert, se tenant en possession deshéritages sujets ;

En conséquence, j'ai cité ledit C. Alexandre Gilbert à comparoir pardevant les juges du tribunal de première instance de l'arrondissement de Remiremont, lieu de l'ouverture de la succession dont s'agit, à l'audience qui aura lieu le heure de   pour y voir ordonner qu'il sera, dans le plus bref délai possible, procédé à l'estimation et partage des héritages provenus de la succession dudit feu Anatoile Gilbert ; voir commettre tel juge ou autre officier public que le tribunal jugera convenable, pour exécuter toutes opérations nécessaires relatives audit partage ; nommer tous experts et autres gens de l'art, et en voir nommer audit requérant si besoin est ;

Lui déclarant que faute de comparaître, il sera contre lui pris défaut et nommé experts et autres officiers pour lui, avec tous dépens, dommages et intérêts ;

Et du présent ai, pour qu'il n'en ignore, laissé copie, en parlant à   le requérant a signé tant le présent que la copie.

MODÈLE, N°. II.

Citation simple pour la nomination d'experts.

(Voir chap. IV, sect. II, pag. 77, rer. vol.)

Le 27 frimaire an

à la réquisition , etc.

je soussigné   *huissier , etc.*

me suis transporté, etc.

    Auquel ai donné assignation à comparoir à l'audience du tribunal de première instance de l'arrondissement de   *qui aura lieu le*   *nivôse prochain, heure de pour y faire choix d'un ou plusieurs experts, et en entendre nommer d'autres de la part du requérant, aux fins de procéder, dans le plus bref délai, à l'estimation des héritages composant la succession de feu*   *, en former des lots, et en un mot, exécuter toutes opérations préliminaires au partage qui doit être fait de ladite succession, entre les divers co-héritiers;*

F 2

Lui déclarant que, faute par lui de nommer des experts, il en sera pour lui nommé d'office par le tribunal, avec tous dépens, dommages et intérêts.

Et ai audit C.   laissé copie du présent, en parlant à·   ledit Citoyen requérant a signé tant le présent original que la copie.

Nota. Cette citation, en simple nomination d'experts, n'a lieu qu'autant que le tribunal est déjà saisi de la demande en partage, et que le dernier a été ordonné. Lorsque la première citation a été suffisamment libellée, celle-ci doit devenir à-peu-près inutile.

MODÈLE, N°. III.

Opposition à partage, de la part d'un créancier particulier d'un co-partageant, pour la conservation de ses droits, faite en vertu de l'article 172 de la loi *sur les succ. au code.*

(V. le chap. IV, sect. IV, § III, pag. 108 du 1er. vol.)

Le   .   frimaire, an   à la réquisition de Charles - Emmanuel Lenormand, propriétaire manufacturier, demeurant à Elbeuf, département de la Seine-Inférieure ;

Je soussigné Marc-Antoine Philippe, huissier public, pourvu de patente, etc., exerçant mes fonctions près le tribunal d'arrondissement de même département, y demeurant, déclare m'être transporté au domicile et devers la personne du C. Aleaume, notaire à la résidence de devant lequel est pendant le partage des biens provenus de la succession de feu Michel Lefévre, (ou commis par jugement du tribunal, ou par ordre du président du tribunal de .   pour procéder au partage des biens provenus de la succession, etc.)

Auquel parlant, j'ai notifié que ledit C. Charles-

Emmanuel Lenormand est créancier de François Lefèvre, frère puîné et l'un des co-héritiers dudit feu Michel Lefèvre, pour une somme de dix-sept mille sept cent-soixante francs en capital, avec les intérêts de ladite somme, depuis le nivôse an 7, et les frais légitimement faits : le tout comme il résulte de la grosse exécutoire d'un contrat de vente de fonds, en date du   nivôse audit an   , passé par Gabon et son confrère, ntaires, dont copie est ci-jointe ;

Pour sûreté de laquelle créance, ai déclaré audit C. Aleaume, notaire, audit nom, que le réquérant s'est rendu opposant, comme il s'oppose par ces présentes, à ce qu'il soit procédé, autrement qu'en sa présence ou lui dûment appelé, au partage dont s'agit, à peine de tous dommages et intérêts contre qui de droit, et même d'être, lui C. Aleaume, en sadite qualité d'officier commis audit partage, personnellement responsable envers le C. Lenormand, requérant, de la restitution entière de sa créance, avec intérêts et frais ;

Déclarant de plus, audit C. Aleaume, en sadite qualité, que le réquérant se pourvoira tant contre lui que contre tous autres co-partageans et partprenans à la succession dudit feu Michel Lefèvre, pour la restitution de son dû ; au cas, ou, au mépris de la présente opposition, il serait passé outre au partage dont il question ;

Et ai, audit C. Aleaume, notaire, laissé au long copie du présent. (Signé Lenormand et l'huissier).

Si c'est à un expert que les co-partageans sont convenus de s'en rapporter pour le partage, l'opposition doit être faite entre ses mains ; et enfin, si les co-partageans consommaient eux-mêmes et clandestinement leur opération, il n'y aurait plus d'opposition à former ; mais le créancier peut citer au tribunal de l'arrondissement de l'ouverture de la succession les co-héritiers, pour voir déclarer nul le partage, fait en fraude de ses droits.

Si, au lieu d'un partage, les biens de la succession sont vendus par licitation, l'opposition est faite au greffe du tribunal.

·MODÈLE, N°. IV.

Requête pour se faire envoyer en possession des biens qui font l'objet d'un legs universel, fait par testament olographe ou mystique, (en exécution de l'art. 297 de la loi des testamens au code) ;

Présentée au président du tribunal de première instance du lieu de l'ouverture de la succession, par le légataire universel.

Voir le chap. 3, section III, pag. 64, au 2e. vol.)

Au citoyen Président du tribunal de première instance, séant à   etc.

Expose Jean-Côme Lidove, majeur et capable des effets civils, habitant de la commune de Saint-Clément, arrondissement de Tulle, département de la Corrèze, que par testament olographe (ou mystique,) en date du   brumaire, an 10, déposé chez le C. N   notaire, à la résidence de   dont copie en forme est ci-jointe : Antoine Lidove, son grand-oncle, décédé le   brumaire susdit, l'a institué son légataire universel ;

Antoine Lidove étant décédé sans laisser d'héritiers directs, l'exposant doit, aux termes de la loi du 13 floréal, an 11, au code, être, sans autres formalités, envoyé en possession de tous les biens qui composent la succession dudit feu Lidove, son oncle, en par l'exposant se soumettant au paiement des dettes et legs à titre particulier, et à toutes les autres charges que lui impose sa qualité de légataire universel;

Pourquoi, il a l'honneur de s'adresser à votre autorité, afin d'obtenir l'ordonnance de son renvoi en possession, en exécution de l'art. 297 de la loi citée, et a signé.

Nota. Il est bien entendu qu'avant la présentation de cette requête, le testament olographe ou mystique, aux termes de l'art. 296 de la loi citée, aura été ouvert par le président ou l'un des juges du même tribunal, puisque ce n'est que par cette ouverture que le légataire universel aura pu être connu.

Cette requête doit être présentée par le ministère d'un avoué.

MODÈLE, N°. V.

Donation entre vifs, par acte exprès et authentique, passé par un notaire et deux témoins.

(V. le chap. 2, sect. I.re, pag 24 au 2e. vol.)

Pardevant nous, N   notaire, établi à la résidence de Cosne, département de la Nièvre; en présence de Jacques Bontems, coutelier, et de Claude Lefort, serrurier, habitans dudit Cosne, Citoyens majeurs et jouissant de leurs droits civils;

Est comparue, en son domicile, Cathérine Mondat, âgée de 65 ans, veuve de Jean Dufaure, laitière; laquelle, infirme depuis plusieurs mois, mais jouissant de toutes ses facultés morales et intellectuelles, nous a requis de recevoir l'acte de donation entre-vifs, qu'elle entend faire par ces présentes;

En conséquence, nous notaire susdit, avons recueilli les volontés de ladite Mondat, qu'elle nous a dictées en ces termes:

Déclare, ladite Mondat, veuve Dufaure, n'avoir conservé aucun enfant de son mariage, et n'avoir, pour plus proches parens, que deux neveux, fils de Jacques Mondat, son frère; le plus jeune desquels, appelé Jean Mondat, majeur, fait en ce moment partie de la 18e. demi-brigade, en station à Dijon ;

Ladite *Catherine Mondat*, pour la bienveillance particulière qu'elle porte à *Jean Mondat* sondit neveu, lui a fait don, par donation pure et simple entre-vifs, de la moitié de ses biens présens, consistant 1o. en une somme de cinq cents fr., à elle dus par ledit *Jacques Mondat*, son frère, pour ses droits légitimaires non encore payés, en un petit mobilier garnissant actuellement la chambre qu'elle habite, et en ses hardes et linge de corps ;

Plus, donne, ladite *Mondat*, à son susdit neveu, une vache à elle appartenante, existant dans les étables de sondit frère ;

Se réservant seulement, la donatrice, la jouissance des choses données jusqu'à son décès ;

Et attendu l'absence dudit *Jean Mondat* donataire, est comparu *Jacques Mondat*, son père, et son fondé de pouvoir, ainsi qu'il résulte de la procuration passée en brevet, à Dijon, devant *Adelon* et son confrère, notaires, en due forme, dont la minute restera annexée à la présente donation ; lequel déclare, en sadite qualité de fondé de pouvoir, accepter, au nom dudit *Jean Mondat*, son fils, l'effet des dispositions contenues au présent acte, se soumettant, audit nom, à tous les devoirs et charges imposés au donataire ;

De tout quoi, après lecture, nous notaire soussigné, en présence des susdits témoins, avons donné acte aux parties qui ont approuvé le con-

tenu aux présentes, et déclaré ne savoir signer. Lesdits témoins ont signé avec nous.

Fait et passé audit Cosne, le   floréal, an

Si la donation entre-vifs est faite par deux notaires, la présence de témoins n'est pas nécessaire ; ces actes devant, aux termes de l'art. 221 de la loi du 13 floréal, être passés *dans la forme ordinaire des contrats, devant notaires.*

Dans ce modèle, nous avons supposé le donataire absent : ce qui rend la donation un peu plus compliquée.

S'il est présent et majeur, il entre lui-même comme partie dans l'acte, et accepte directement.

S'il est mineur non émancipé ou interdit, l'acceptation est faite par le tuteur.

Si c'est une femme mariée, elle accepte avec le consentement de son mari.

Il n'y a, dans tous ces cas, que les noms à changer, en observant de mentionner la qualité de mineur, d'interdit, ou de femme mariée.

Si c'est un sourd-muet, l'acceptation est faite par un curateur *ad hoc*, s'il ne sait écrire ; et par lui ou son fondé, s'il sait écrire : comme on l'a vu au n°. 118.

MODÈLE, N°. VI.

Donation par contrat de mariage, de la part d'un ou plusieurs ascendans et d'un collatéral, en faveur des époux, et des enfans à naître du mariage.

(V. chap. 5 , sect. I.re , pag. 103 et suiv., 2e. vol.)

— L'on ne s'arrête pas ici à présenter les formes du contrat de mariage en soi , qui sont étrangères à notre objet ; les clauses du contrat, relatives aux conventions matrimoniales, etc. sont censées écrites : il n'est question, dans ce modèle, que de la sorte de donation autorisée par les art. 370 et suiv. *(Loi des donat. et testam. au cod.)*

Pardevant etc.

En faveur du présent mariage , les CC. Rousseau et Georgette Bonnet, père et mère du futur époux (1)*, lui ont fait don, par disposition entre-vifs et irrévocable , à lui et aux enfans à naître du futur mariage* (2)*, de toute la quotité de leurs*

----

(1) Ici, l'époux futur est censé majeur.

(2) Quand même le contrat de mariage qui contient la donat. ne porterait pas les mots , *aux enfans à naître* , la libéralité n'en est pas moins censée faite à leur profit. (*Art.* 371 , *loi des donat. et test.*)

biens présens et à venir (3), dont la loi leur permet de *s'imposer ; la présente donation faite à titre de préciput et hors part ; entendant, lesdits père et mère donateurs, que leur fils, futur époux, en prélève l'émolument sans être tenu à aucune espèce de rapport (4).*

Se réservant seulement, les donateurs, l'usufruit des biens donnés, leur vie durant, et au survivant d'eux ; et leur dit fils donataire tenu, au cas du décès de l'un ou des deux donateurs avant la majorité de leurs autres enfans, de les entretenir dans la maison paternelle, jusqu'à la majorité de chacun d'eux, tant en santé qu'en maladie, en par eux travaillant suivant leur état, au profit commun, pendant tout le tems qu'ils voudront rester à la compagnie de leur frère donataire (5).

Et ledit Rousseau fils, époux futur, en

---

(3) On se rappèle que la *seule* donation, par contrat de mariage, peut comprendre les biens présens et *à venir.* (*Art.* 373, *loi ibid.*) Toute autre donat. ne peut porter que sur les biens *présens.* (*Art.* 233.)

(4) Cette déclaration peut être faite par acte postérieur et séparé. (*Art.* 209.)

(5) On sait que le donateur peut imposer, par le contrat de mariage, toutes les conditions raisonnables, et que le donataire est tenu de les accomplir ou de renoncer à la donation. (*Art.* 375, *loi ibid.*) Les arrangemens, d'ailleurs, faits par le père de famille, en donnant à l'un des enfans, entrent presque toujours dans les contrats de mariage.

acceptant l'effet de la présente donation, s'est soumis aux conditions ci-dessus imposées par ses père et mère donateurs (6):

Est aussi intervenu Charles Bonnet, demeurant à   majeur et jouissant de ses droits civils, oncle maternel du futur époux ; lequel, en faveur du même mariage, a fait pareillement don entre-vifs et irrévocable, audit Rousseau, son neveu, acceptant, d'un domaine en propriété, situé à Romainville, avec les bestiaux et instrumens aratoires qui servent à son exploitation, tel que ledit domaine se comporte ; se réservant seulement, le donateur, la jouissance des biens donnés pendant sa vie (7).

Fait et passé etc.

Semblable donation peut être faite à l'épouse future, par ses auteurs et ses collatéraux, ou même par des étrangers.

Enfin, les époux peuvent, par le même contrat de mariage, se faire donation simple ou réciproque, pourvu qu'ils soient majeurs ; ou, s'ils sont mineurs, qu'ils soient assistés de ceux dont le consentement est requis pour la validité de leur mariage. (*Art.* 384.)

---

(6) L'acceptation du donataire contractuel, n'est pas essentielle à la validité de la donation. (*Art.* 376.) Il vaut cependant mieux l'insérer, quand le donataire est présent et capable.

(7) A l'acte de donation doit être joint, dans l'intérêt du donataire, un état des biens des donateurs, conformément à l'art. 373.

MODÈLE, N°. VII.

TESTAMENT MYSTIQUE.

Suscription.

(Voir, pour la forme intrinsèque du testam. mystique, chap. 3, sect. 1re., pag. 44 et 45 du 2e. vol)

Pardevant N. N. notaires établis à Paris, soussignés, en présence de François Rousseau, employé ; Jérôme Lalande, astronôme ; Claude Julienne, jurisconsulte ; Pierre Ducis, Henri de St.-Pierre, hommes de lettres ; et Étienne Charles, physicien, tous Citoyens majeurs et jouissant de leurs droits civils, demeurant à Paris, rue   et rue   4e. arrondissement municipal, aussi soussignés ;

Est comparu, en sa maison, N   Devaisnes, banquier, conseiller d'État, demeurant à Paris, rue de la Concorde, n°. 25, 1er. arrondissement municipal ; lequel, jouissant de toutes ses facultés morales et intellectuelles, nous a présenté un cahier de deux feuilles de papier timbré, ployé en deux et scellé, aux quatre angles, d'un sceau de cire rouge d'Espagne, portant pour empreinte les lettres initiales C. D., que ledit C. Devaisnes nous a déclaré con-

tenir son testament, écrit et signé de lui, qu'il veut être exécuté dans tous ses points après son décès, nous requérant d'en dresser l'acte de suscription dans la forme ordinaire.

Desquelles réquisition et déclaration, nous notaires susdits, en présence desdits témoins, avons donné acte pour servir et valoir ce que de droit ;

Tout quoi a été, de suite et sans divertir à d'autres actes, écrit par l'un de nous, sur le blanc des deux côtés dudit testament, et lu en présence desdits témoins, audit C. Devaisnes, testateur, qui l'a approuvé, et a signé.

Le présent acte, retenu par l'un de nous, a été pareillement signé des six témoins ci-dessus nommés, qui déclarent n'être parens ni alliés du testateur.

Fait à Paris, au domicile dudit testateur, le
an

MODÈLE, N°. VIII.

Testament fait par acte public, devant deux
notaires.

(V. le chap. 3, pag. 44 et 45 du 2ᵉ. vol.)

*Pardevant les notaires publics, établis à Or-
léans, soussignés, assistés des CC. Denis Richard,
et Jacques Guérin, l'un et l'autre majeurs et jouissant de leurs droits civils, habitans dudit Orléans;
le premier rue   nᵒ.
le second rue   nᵒ.
témoins appelés au présent acte, aussi soussignés;*

*Est comparu en son domicile, où nous nous
sommes transportés, le C. Philippe Lefrançais,
majeur et jouissant de ses droits civils, habitant de
cette ville, rue   nᵒ.   arrondissement   lequel, malade, nous a
requis de recevoir le testament nuncupatif qu'il
se propose de faire, à quoi avons procédé comme
il suit :*

*Après nous être assurés que le C. Lefrançais
jouit de la plénitude de sa raison, l'un de nous
a écrit sous sa dictée ses dispositions dernières;*

*Déclare, ledit Lefrançais, avoir été marié à Rose
Bailli, et de son mariage être provenu trois enfans*

Clément, Paul et Aimé, dont deux Clément et Paul encore existans : le troisième, Aimé, mort en bas âge.

Déclare, le testateur, avoir donné à Clément, le premier de ses enfans vivans, lors de son mariage, une somme de vingt mille f., en avancement d'hoirie ; laquelle somme il lui lègue à titre de préciput et hors part, voulant le récompenser, autant qu'il est en lui, des soins qu'il s'est donné pour l'administration des biens, et pour l'éducation de ses autres frères ;

Entendant que ladite somme de vingt mille fr., dont il a déja perçu la moitié, soit prélevée immédiatement après l'acquit des dettes de sa succession ;

Déclare, le testateur, donner à Rose Bailli, son épouse, pour la bienveillance particulière qu'il lui porte, le quart de ses biens, meubles et immeubles en usufruit, sa vie durant ; et de plus, au cas où il viendrait à s'élever quelque difficulté entr'elle et ses enfans, entend, le testateur, qu'elle ait une habitation séparée, au 1er. étage de sa maison, et l'usage du meuble qui y existe en ce moment ;

Donne et lègue, ledit testateur, à Françoise Lagarde, sa domestique depuis trente années, une pension viagère de deux cents fr., payable par quartier et d'avance, par Clément, son fils ainé ;

Voulant, ledit testateur, que le surplus de ses biens soit partagé également par ses deux enfans susnommés.

Déclare, ledit Philippe Lefrançais, que l'effet de la présente disposition n'excède pas la portion des biens dont la loi lui permet de disposer (1);

De tout quoi, ledit testateur, nous a requis acte que lui avons octroyé, après que lecture entière lui en a été faite par un de nous, en présence des témoins susnommés, à haute et intelligible voix, de suite et sans divertir à d'autres affaires. Le testateur ayant entendu et approuvé, dans tous ses points, le contenu au présent l'a signé, ainsi que lesdits Richard et Guérin, qui déclarent n'être parens ni alliés dudit testateur.

Fait à Orléans, département du Loiret, le messidor, an onze de la République.

Si le testament est reçu par un seul notaire, il faut, comme on l'a vu, appeler quatre témoins signataires. Si l'acte est passé à la campagne, il suffit que deux témoins signent.

---

(1) Cette déclaration ne prouve rien, si ce n'est que le notaire rédacteur a rappelé, au testateur, les limites que lui prescrivait la loi : elle ne met aucun obstacle à ce que les co-héritiers qui la croirait inexacte fassent procéder à l'estimation et vérification des objets de la succession.

Q u o i q u e, à proprement parler, les lois
émises depuis le 7 mars 1793, jusqu'au 4 germinal
an 8, n'aient, en quelque sorte, fait que modifier
l'exercice de la faculté de disposer, tantôt en la restreignant presque jusqu'à l'anéantissement, tantôt
en l'étendant davantage; et qu'elles n'aient rien
statué pour les formes et la nature des actes, leur
classification et les formalités nécessaires auxquelles ils sont soumis; nous croyons qu'il ne laissera pas d'être de quelqu'intérêt d'offrir ici, comme
nous l'avons fait dans le premier volume pour la
loi sur les successions, l'exposé rapide de la législa-
lation sur la faculté qui a été accordée, à deux
époques principales de la révolution, de disposer
par donations entre-vifs ou testamentaires.

Dans le premier tableau que nous avons présenté, notre but a été d'indiquer les principes
d'après lesquels a été réglé le partage des successions en France, sous le régime, que nous pouvons
appeler de la législation *intermédiaire*.

Dans celui-ci, nous nous proposons d'indiquer les
variations qu'a, durant la même période, éprouvé
la législation, sur la faculté de disposer d'une partie
de ses biens.

Nous osons croire que ces deux aperçus, ne
devraient-ils avoir d'autre avantage que celui d'être
historiques, ne déplairont pas à la majorité des
ecteurs.

LOI

Relative aux Donations entre-vifs et aux Testamens.

Du 13 floréal an 11 de la République.

AU NOM DU PEUPLE FRANÇAIS,

Bonaparte, premier Consul, proclame loi de la République le décret suivant, rendu par le corps législatif le 13 floréal an 11, couformément à la proposition faite par le gouvernement, le 2 du même mois, communiquée au tribunat le lendeman.

DÉCRET.

LIVRE III DU CODE CIVIL.

TITRE II.

Des donations entre-vifs et des testamens.

DISPOSITIONS GÉNÉRALES.

Article 183.

On ne pourra disposer de ses biens à titre gratuit, que par donation entre-vifs ou par testament, dans les formes ci-après établies.

CORPS LÉGISLATIF. 2 *floréal.* Exposé des motifs par Bigot-Préameneu, conseiller d'État.

TRIBUNAT. 9. Rapport par Jaubert.

184. La donation entre-vifs est un acte par lequel le donateur se dépouille actuellement et irrévocablement de la chose donnée, en faveur du donataire qui l'accepte.

185. Le testament est un acte par lequel le testateur dispose, pour le tems où il n'existera plus, de tout ou partie de ses biens, et qu'il peut révoquer.

(*) 186. Les substitutions sont prohibées.

Toute disposition par laquelle le donataire, l'héritier institué ou le légataire sera chargé de conserver et de rendre à un tiers, sera nulle, même à l'égard du donataire, de l'héritier institué, ou du légataire.

187. Sont exceptées de l'article précédent les dispositions permises aux pères et mères et aux frères et sœurs, au chapitre V du présent titre.

188. La disposition par laquelle un tiers serait appelé à recueillir le don, l'hérédité ou le legs, dans le cas où le donataire, l'héritier institué ou le légataire, ne le recueillerait pas, ne sera pas regardée comme une substitution, et sera valable.

(*) Les substitutions avaient déjà été prohibées, en principe, par le décret du 25 août 1792.

Une loi nouvelle du 25 octobre-14 novembre suivant, développa celle du 25 août, et déclara que les substitutions faites avant sa publication, par quelques actes que ce fût, qui ne seraient pas encore ouvertes, demeuraient *abolies*.

Depuis cette époque, les substitutions n'ont plus été admises dans nos usages.

189. Il en sera de même de la disposition entre-vifs ou testamentaire, par laquelle l'usufruit sera donné à l'un, et la nue propriété à l'autre.

190. Dans toute disposition entre-vifs ou testamentaire, les conditions impossibles, celles qui seront contraires aux lois ou aux mœurs, seront réputées non écrites.

CHAPITRE PREMIER.

De la capacité de disposer ou de recevoir par donation entre-vifs ou par testament.

(*) 191. Pour faire une donation entre-vifs ou un testament, il faut être sain d'esprit.

192. Toutes personnes peuvent disposer et recevoir, soit par donation entre-vifs, soit par testament, excepté celles que la loi en déclare incapables.

193. Le mineur, âgé de moins de seize ans, ne pourra aucunement disposer, sauf ce qui est réglé au chapitre VIII *des donations entre époux.*

194. Le mineur, parvenu à l'âge de seize ans,

(*) Les ordonnances seules de 1731 et 1735, ont, jusqu'à la promulgation de la loi II, *au 3.e livre du code*, réglé la qualité des personnes, et déterminé la capacité de disposer et de recevoir, par donation ou par testament. Aucunes dispositions dans les lois nouvelles, antérieures au code, n'ont touché à cette partie.

(*) *Code des Successions. An XI.* **G**

ne pourra disposer que par testament, et jusqu'à concurrence seulement de la moitié des biens dont la loi permet au majeur de disposer.

195. La femme mariée ne pourra donner entre-vifs, sans l'assistance ou le consentement de son mari, ou sans y être autorisée par la justice, conformément à ce qui est prescrit par les articles 211 et 213, au titre *du Mariage*.

Elle n'aura besoin ni du consentement du mari, ni d'autorisation de la justice, pour disposer par testament.

196. Pour être capable de recevoir entre-vifs, il suffit d'être conçu au moment de la donation.

Pour être capable de recevoir par testament, il suffit d'être conçu à l'époque du décès du testateur. Néanmoins la donation ou le testament n'auront leur effet qu'autant que l'enfant sera né viable.

197. Le mineur, quoique parvenu à l'âge de seize ans, ne pourra, même par testament, disposer au profit de son tuteur.

Le mineur, devenu majeur, ne pourra disposer, soit par donation entre-vifs, soit par testament, au profit de celui qui aura été son tuteur, si le compte définitif de la tutèle n'a été préalablement rendu et apuré.

Sont exceptés, dans les deux cas ci-dessus, les ascendans des mineurs qui sont, ou qui ont été leurs tuteurs.

198. Les enfans naturels ne pourront, par do-

nation entre-vifs ou par testament, rien recevoir
au delà de ce qui leur est accordé au titre *des*
Successions.

199. Les docteurs en médecine ou en chirurgie,
les officiers de santé et les pharmaciens qui auront
traité une personne pendant la maladie dont elle
meurt, ne pourront profiter des dispositions entre-
vifs ou testamentaires qu'elle aurait faites en leur
faveur pendant le cours de cette maladie.

Sont exceptées, 1°. les dispositions rémunératoires faites à titre particulier, eu égard aux facultés du disposant et aux services rendus ;

2°. Les dispositions universelles, dans le cas de
parenté jusqu'au quatrième degré inclusivement,
pourvu toutefois que le décédé n'ait pas d'héritiers
en ligne directe ; à moins que celui au profit de
qui la disposition a été faite, ne soit lui-même du
nombre de ces héritiers.

Les mêmes règles seront observées à l'égard des
ministres du culte.

200. Les dispositions entre-vifs ou par testament
au profit des hospices, des pauvres d'une commune, ou d'établissemens d'utilité publique, n'auront leur effet, qu'autant qu'elles seront autorisées
par un arrêté du gouvernement.

201. Toute disposition au profit d'un incapable
sera nulle, soit qu'on la déguise sous la forme d'un
contrat onéreux, soit qu'on la fasse sous le nom de
personnes interposées.

Seront réputées personnes interposées, les pères

et mères, les enfans et descendans, et l'époux de la personne incapable.

202. On ne pourra disposer au profit d'un étranger, que dans le cas où cet étranger pourrait disposer au profit d'un Français.

CHAPITRE II.

De la portion de biens disponible, et de la réduction.

SECTION PREMIÈRE.

De la portion de biens disponible.

(*) 203. Les libéralités, soit par acte entre-vifs, soit par testament, ne pourront excéder la moitié des biens du disposant, s'il ne laisse à son décès qu'un enfant légitime ; le tiers, s'il laisse deux enfans ; le quart, s'il en laisse trois, ou un plus grand nombre.

(*) Ici, nous avons à exposer deux systêmes de législation, qui se sont succédés à six années de distance : le premier date de la loi du 5 brumaire an 2 ; le second, du 4 germinal an 8. Nous pourrions même en ajouter un troisième, pour le tems écoulé entre le 7 mars 1793, époque de la première loi qui a, d'une manière absolue, interdit, *en ligne directe*, la faculté « de disposer de ses biens, soit à cause de mort, soit entre-vifs, soit par donation contractuelle » , et l'époque où a été rendue la loi du 5 brumaire.

204 Sont compris, dans l'article précédent, sous le nom d'*enfans*, les descendans en quelque degré que ce soit; néanmoins ils ne sont comptés que pour l'enfant qu'ils représentent dans la succession du disposant.

Nous distinguerons donc la législation sur la disponibilité des biens, telle qu'elle a été réglée pendant le *régime intermédiaire*, comme nous l'avons déjà appelé, en trois époques distinctes.

PREMIÈRE ÉPOQUE.

De la publication de la loi du 7 mars 93, à celle de la loi du 5 brumaire an 2 :

Interdiction absolue de disposer, en ligne directe seulement; mais faculté de disposer en collatérale, par l'effet même du silence de la loi qui, ne s'expliquant pas sur cet objet, laisse dans toute leur force les dispositions des ordonnances.

DEUXIÈME ÉPOQUE.

A compter de la promulgation de la loi de brumaire;

« Faculté de disposer du dixième de son bien,
» si on a des héritiers en ligne directe; ou du
» sixième, si l'on n'a que des héritiers collatéraux,
» *au profit d'autres que les personnes appelées par*
» *la loi au partage des successions* ». (art. 11,
1. du 5 brumaire an 2.)

Même législation confirmée textuellement par la loi du 17 nivôse suivant, art. 16.

Ainsi, cette faculté de disposer du sixième ou du dixième de ses biens, ne s'étend pas même à

205. Les libéralités par actes entre-vifs ou par testament, ne pourront excéder la moitié des biens, si, à défaut d'enfant, le défunt laisse un ou plusieurs ascendans dans chacune des lignes paternelle et maternelle; et les trois quarts, s'il ne laisse d'ascendant que dans une ligne.

---

ses propres descendans ou héritiers naturels, qui doivent constamment recueillir la quotité que leur assigne la loi, et rien au-delà. (*art.* 9 *de l'une et l'autre loi.*) Elle est restreinte aux étrangers.

Une législation aussi concise et aussi brièvement impérative, ne laisse rien à ajouter au commentateur.

TROISIÈME ÉPOQUE.

La législation introduite par la loi du 5 brumaire, confirmée par celles de nivôse an 2, et du 3 vendémiaire an 4, a subsisté jusqu'à la publication de la loi du 4 germinal an 8.

Par celle-ci, la faculté de disposer a été étendue au quart des biens, si le disposant a laissé, à son décès, *moins* de *quatre* enfans;

Au cinquième, s'il a laissé quatre enfans;

Au sixième, s'il en a laissé cinq, et ainsi de suite, en comptant toujours, pour déterminer la portion disponible, le nombre des enfans, *plus un;* déclarant que, sous le nom d'enfans, étaient compris les descendans, en quelque degré qu'ils fussent; mais ceux-ci, néanmoins, ne représentant dans tous les cas que la tête de l'enfant propre du disposant.

La même loi, pour les personnes décédées sans postérité, a établi les règles de disponibilité suivantes;

Les biens ainsi réservés au profit des ascendans, seront par eux recueillis dans l'ordre où la loi les appèle à succéder : ils auront seuls droit à cette réserve, dans tous les cas où un partage en concurrence avec des collatéraux ne leur donnerait pas la quotité de biens à laquelle elle est fixée.

Elles ont pu disposer, soit par acte entre-vifs, soit par acte de dernière volonté :

« De la *moitié* des biens, si elles ont laissé, soit des ascendans, soit des frères ou sœurs, soit des enfans ou petits-enfans des frères ou des sœurs;

» Des *trois quarts*, si elles ont laissé, soit des oncles et grands-oncles, tantes ou grand'tantes, soit des cousins germains ou cousines germaines, soit des enfans desdits cousins ou cousines ».

Enfin, au défaut de parens dans les degrés ci-dessus exprimés, la loi a déclaré que « les dispositions pourraient épuiser la totalité des biens du disposant » ; en ajoutant, que « les libéralités autorisées pourraient être faites au profit *des enfans et autres successibles* du disposant, sans qu'ils fussent sujets à rapport ». *(art.* 1, 2, 3, 4 *et* 5, *l. précit.)*

Ce n'est donc, à proprement parler, que de l'époque, de la publication de la loi du 4 germinal, qu'il a existé en France une véritable faculté de disposer; cette faculté, comme on l'a vu, ayant été anéantie en ligne directe depuis la loi du 7 mars 1793, et réduite à presque rien, même à l'égard des étrangers, depuis la loi de brumaire an 2.

Ce dernier état de choses, modifié aujourd'hui par la loi *au code,* n'a cessé qu'à l'époque de la promulgation de celle-ci.

206. A défaut d'ascendans et de descendans, les libéralités par actes entre-vifs ou testamentaires pourront épuiser la totalité des biens.

207. Si la disposition par acte entre-vifs ou par testament est d'un usufruit ou d'une rente viagère dont la valeur excède la quotité disponible, les héritiers au profit desquels la loi fait une réserve, auront l'option, ou d'exécuter cette disposition, ou de faire l'abandon de la propriété de la quotité disponible.

208. La valeur en pleine propriété des biens aliénés, soit à charge de rente viagère, soit à fonds perdu, ou avec réserve d'usufruit, à l'un des successibles en ligne directe, sera imputée sur la portion disponible ; et l'excédant, s'il y en a, sera rapporté à la masse. Cette imputation et ce rapport ne pourront être demandés par ceux des autres successibles en ligne directe qui auraient consenti à ces aliénations, ni, dans aucun cas, par les successibles en ligne collatérale.

209. La quotité disponible pourra être donnée en tout ou en partie, soit par acte entre-vifs, soit par testament, aux enfans ou autres successibles du donateur, sans être sujète au rapport, par le donataire ou légataire venant à la succession, pourvu que la disposition ait été faite expressément à titre de préciput ou hors part.

La déclaration que le don ou le legs est à titre de préciput ou hors part, pourra être faite, soit par l'acte qui contiendra la disposition, soit postérieurement, dans la forme des dispositions entre-vifs ou testamentaires.

SECTION II.

De la réduction des donations et legs.

(*) 210. Les dispositions, soit entre-vifs, soit à cause de mort, qui excéderont la quotité disponible, seront réductibles à cette quotité lors de l'ouverture de la succession.

211. La réduction des dispositions entre-vifs ne pourra être demandée que par ceux au profit desquels la loi fait la réserve, par leurs héritiers ou ayant-cause : les donataires, les légataires, ni les créanciers du défunt, ne pourront demander cette réduction, ni en profiter.

212. La réduction se détermine en formant une masse de tous les biens existans au décès du donateur ou testateur. On y réunit fictivement ceux dont il a été disposé par donations entre-vifs, d'après leur état à l'époque des donations et leur valeur au tems du décès du donateur. On calcule sur tous ces biens, après en avoir déduit les dettes, qu'elle est, eu égard à la qualité des héritiers qu'il laisse, la quotité dont il a pu disposer.

(*) Cette seconde section n'est, en quelque sorte, que le développement de la section première. Les lois de la révolution n'offrent aucune disposition sur tout ce qui en fait l'objet.

G 3

2i3. Il n'y aura jamais lieu à réduire les donations entre-vifs, qu'après avoir épuisé la valeur de tous les biens compris dans les dispositions testamentaires ; et, lorsqu'il y aura lieu à cette réduction, elle se fera en commençant par la dernière donation, et ainsi de suite en remontant des dernières aux plus anciennes.

2i4. Si la donation entre-vifs, réductible, a été faite à l'un des successibles, il pourra retenir, sur les biens donnés, la valeur de la portion qui lui appartiendrait, comme héritier, dans les biens non disponibles, s'ils sont de la même nature.

2i5. Lorsque la valeur des donations entre-vifs excédera ou égalera la quotité disponible, toutes les dispositions testamentaires seront caduques.

2i6. Lorsque les dispositions testamentaires excéderont, soit la quotité disponible, soit la portion de cette quotité qui resterait, après avoir réduit la valeur des donations entre-vifs, la réduction sera faite au marc le franc, sans aucune distinction, entre les legs universels et les legs particuliers.

2i7. Néanmoins, dans tous les cas où le testateur aura expressément déclaré, qu'il entend que tel legs soit acquitté de préférence aux autres ; cette préférence aura lieu ; et le legs qui en sera l'objet, ne sera réduit qu'autant que la valeur des autres ne remplirait pas la réserve légale.

2i8. Le donataire restituera les fruits de ce qui excédera la portion disponible, à compter du jour du décès du donateur, si la demande en réduction a été faite dans l'année; sinon, du jour de la demande.

219. Les immeubles à recouvrer par l'effet de la réduction, le seront sans charge de dettes ou hypothèques créées par le donataire.

220. L'action en réduction ou revendication pourra être exercée par les héritiers contre les tiers détenteurs des immeubles faisant partie des donations et aliénés par les donataires, de la même manière et dans le même ordre que contre les donataires eux-mêmes, et discussion préablement faite de leurs biens. Cette action devra être exercée suivant l'ordre des dates des aliénations, en commençant par la plus récente.

CHAPITRE III.

Des donations entre-vifs.

SECTION PREMIÈRE.

De la forme des donations entre-vifs.

(*) 221. Tous actes portant donation entre-vifs seront passés devant notaires, dans la forme ordi-

---

(*) Les diverses sessions du corps législatif ne se sont point occupé de la *forme* des dispositions entre-vifs ou testamentaires. A cet égard, tout est resté dans l'ancien état, depuis la révolution; l'on peut même dire, dans l'incertitude et la confusion; car les lois nouvelles ayant statué sur la disponi-

naire des contrats; et il en restera minute, sous peine de nullité.

222. La donation entre-vifs n'engagera le donateur et ne produira aucun effet, que du jour qu'elle aura été acceptée en termes exprès.

L'acceptation pourra être faite du vivant du donateur, par un acte postérieur et authentique, dont il restera minute; mais alors la donation n'aura d'effet, à l'égard du donateur, que du jour où l'acte, qui constatera cette acceptation, lui aura été notifié.

223. Si le donataire est majeur, l'acceptation doit être faite par lui, ou, en son nom, par la personne fondée de sa procuration, portant pouvoir d'accepter la donation faite, ou un pouvoir général d'accepter les donations qui auraient été ou qui pourraient être faites.

---

bilité des biens, et n'ayant rien décidé sur la forme des actes, (pas même celle du 4 germinal, destinée spécialement à organiser un mode nouveau de transmission par actes émanés de la volonté du disposant); les officiers publics chargés de la rédaction de ces actes, toujours incertains, et en même tems craignant de porter par leur faute le désordre dans les familles, se sont cru, jusqu'à ce moment, obligés à suivre, *stricto jure* et au pied de la lettre, les anciennes coutumes et ordonnances. Ainsi, même depuis la loi de germinal an 8, les testamens n'ont pas été soumis aux mêmes formes pour la rédaction, dans les pays de droit écrit, dans les pays coutumiers et dans les pays réunis.

Cette procuration devra être passée devant notaires, et une expédition devra en être annexée à
la minute de la donation, ou à la minute de l'acceptation qui serait faite par acte séparé.

224. La femme mariée ne pourra accepter une
donation sans le consentement de son mari, ou,
en cas de refus du mari, sans autorisation de la
justice; conformément à ce qui est prescrit par les
art 211 et 213, au titre *du mariage.*

225. La donation faite à un mineur non émancipé, ou à un interdit, devra être acceptée par son
tuteur, conformément à l'article 457, au titre de
la *minorité.*

Le mineur émancipé, pourra accepter avec l'assistance de son curateur.

Néanmoins, les père et mère du mineur émancipé ou non émancipé, ou les autres ascendans,
même du vivant des père et mère, quoiqu'ils ne
soient ni tuteurs ni curateurs du mineur, pourront
accepter pour lui.

226. Le sourd-muet qui saura écrire, pourra
accepter lui-même ou par un fondé de pouvoir.

S'il ne sait pas écrire, l'acceptation doit être faite
par un curateur nommé à cet effet; suivant les
règles établies au titre de la *minorité.*

227. Les donations faites au profit d'hospices,
des pauvres d'une commune ou d'établissemens
d'utilité publique, seront acceptées par les administrateurs de ces communes ou établissemens,
après y avoir été dûment autorisés.

228. La donation duement acceptée sera parfaite par le seul consentement des parties ; et la propriété des objets donnés sera transférée au donataire, sans qu'il soit besoin d'autre tradition.

229. Lorsqu'il y aura donation de biens susceptibles d'hypothèques, la transcription des actes, contenant la donation et l'acceptation, ainsi que la notification de l'acceptation qui aurait eu lieu par acte séparé, devra être faite aux bureaux des hypothèques dans l'arrondissement desquels les biens sont situés.

230 Cette transcription sera faite à la diligence du mari, lorsque les biens auront été donnés à sa femme ; et si le mari ne remplit pas cette formalité, la femme pourra y faire procéder sans autorisation.

Lorsque la donation sera faite à des mineurs, à des interdits ou à des établissemens publics, la transcription sera faite à la diligence des tuteurs, curateurs ou administrateurs.

231. Le défaut de transcription pourra être opposé par toutes personnes ayant intérêt, excepté toutefois par celles qui sont chargées de faire faire la transcription, ou leurs ayant-cause, et le donateur.

232. Les mineurs, les interdits, les femmes mariées, ne seront point restitués contre le défaut d'acceptation ou de transcription des donations ; sauf leur recours contre leurs tuteurs ou maris, s'il y échet, et sans que la restitution puisse avoir lieu, dans le cas même où lesdits tuteurs et maris se trouveraient insolvables.

233. La donation entre-vifs ne pourra comprendre que les biens présens du donateur ; si elle comprend des biens à venir, elle sera nulle à cet égard.

234. Toute donation entre-vifs, faite sous des conditions dont l'exécution dépend de la seule volonté du donateur, sera nulle.

235 Elle sera pareillement nulle, si elle a été faite sous la condition d'acquitter d'autres dettes ou charges que celles qui existaient à l'époque de la donation, ou qui seraient exprimées, soit dans l'acte de donation, soit dans l'état qui devrait y être annexé.

236 En cas que le donateur se soit réservé la liberté de disposer d'un effet compris dans la donation, ou d'une somme fixe sur les biens donnés, s'il meurt sans en avoir disposé, ledit effet ou ladite somme appartiendra aux héritiers du donateur, nonobstant toutes clauses et stipulations à ce contraires.

237. Les quatre articles précédens ne s'appliquent point aux donations dont est mention aux chapitres VII et VIII du présent titre.

238. Tout acte de donation d'effets mobiliers ne sera valable que pour les effets dont un état estimatif, signé du donateur et du donataire, ou de ceux qui acceptent pour lui, aura été annexé à la minute de la donation.

239. Il est permis au donateur de faire la réserve à son profit, ou de disposer au profit d'un autre, de la jouissance ou de l'usufruit des biens meubles ou immeubles donnés.

240. Lorsque la donation d'effets mobiliers aura été faite avec réserve d'usufruit, le donataire sera tenu, à l'expiration de l'usufruit, de prendre les effets donnés qui se trouveront en nature, dans l'état où ils seront ; et il aura action contre le donateur ou ses héritiers, pour raison des objets non existans, jusqu'à concurrence de la valeur qui leur aura été donnée dans l'état estimatif.

241. Le donateur pourra stipuler le droit de retour des objets donnés, soit pour le cas du prédécès du donataire seul, soit pour le cas du prédécès du donataire et de ses descendans.

Ce droit ne pourra être stipulé qu'au profit du donateur seul.

242. L'effet du droit de retour sera de résoudre toutes les aliénations des biens donnés, et de les faire revenir au donateur, francs et quittes de toutes charges et hypothèques, sauf néanmoins l'hypothèque de la dot et des conventions matrimoniales, si les autres biens de l'époux donataire ne suffisent pas, et dans le cas seulement où la donation lui aura été faite par le même contrat de mariage, duquel résultent ces droits et hypothèques.

SECTION II.

Des exceptions à la règle de l'irrévocabilité des Donations entre-vifs.

(*) 243. La donation entre-vifs ne pourra être révoquée que pour cause d'inexécution des conditions sous lesquelles elle aura été faite, pour cause d'ingratitude, et pour cause de survenance d'enfans.

(*) Tant que les lois nouvelles, des 5 brumaire et 17 nivôse, régirent les successions en France, une disposition législative sur les exceptions à la règle de l'irrévocabilité des donations entre-vifs, pouvait sembler à-peu-près inutile, puisque ces actes eux-mêmes étaient interdits, ou, du moins, déterminés dans leurs effets d'une manière si absolue, que le disposant qui aurait pu être porté à gratifier un étranger de la faible portion qui restait disponible, ne pouvait guère éprouver de regrets pour avoir exercé cette munificence légère. Mais, depuis que la loi de germinal an 8 a rétabli la faculté de disposer d'une certaine portion de biens, c'était véritablement une omission grave que de n'avoir rien réglé sur les suites des donations, et tout le monde s'était secrètement récrié sur l'extrême briéveté d'une loi, de l'importance de celle du 4 germinal.

Comme rien ne peut suppléer la loi, l'on avait été, jusqu'à la promulgation du code, forcé de s'en tenir à puiser les règles dans les deux ordonances de 1731 et de 1735, ou dans les statuts locaux, pour les pays qui n'avaient pas reçu les ordonnances.

244. Dans le cas de la révocation, pour cause d'inexécution des conditions, les biens rentreront dans les mains du donateur, libres de toutes charges et hypothèques du chef du donataire; et le donateur aura, contre les tiers détenteurs des immeubles donnés, tous les droits qu'il aurait contre le donataire lui-même.

245. La donation entre-vifs ne pourra être révoquée, pour cause d'ingratitude, que dans les cas suivans :

1o. Si le donataire a attenté à la vie du donateur ;

2o. S'il s'est rendu coupable envers lui de sévices, délits ou injures graves ;

3o. S'il lui refuse des alimens.

246. La révocation, pour cause d'inexécution des conditions, ou pour cause d'ingratitude, n'aura jamais lieu de plein droit.

247. La demande en révocation, pour cause d'ingratitude, devra être formée dans l'année, à compter du jour du délit imputé par le donateur au donataire, ou du jour que le délit aura pu être connu par le donateur.

Cette révocation ne pourra être demandée par le donateur, contre les héritiers du donataire, ni par les héritiers du donateur contre le donataire, à moins que, dans ce dernier cas, l'action n'ait été intentée par le donateur, ou qu'il ne soit décédé dans l'année du délit.

248. La révocation, pour cause d'ingratitude,

ne préjudiciera ni aux aliénations faites par le donataire, ni aux hypothèques et autres charges réelles qu'il aura pu imposer sur l'objet de la donation, pourvu que le tout soit antérieur à l'inscription qui aurait été faite de l'extrait de la demande en révocation, en marge de la transcription prescrite par l'article 229.

Dans le cas de révocation, le donataire sera condamné à restituer la valeur des objets aliénés, eu égard au tems de la demande, et les fruits, à compter du jour de cette demande.

249. Les donations, en faveur de mariage ne seront pas révocables pour cause d'ingratitude.

250 Toutes donations entre-vifs, faites par personnes qui n'avaient point d'enfans ou de descendans, actuellement vivans dans le tems de la donation, de quelque valeur que ces donations puissent être, et à quelque titre qu'elles aient été faites, et encore qu'elles fussent mutuelles ou rémunératoires, même celles qui auraient été faites en faveur de mariage par autres que par les ascendans aux conjoints, ou par les conjoints l'un à l'autre, demeureront révoquées de plein droit, par la survenance d'un enfant légitime du donateur; même d'un posthume, ou par la légitimation d'un enfant naturel par mariage subséquent, s'il est né depuis la donation.

251. Cette révocation aura lieu, encore que l'enfant du donateur ou de la donatrice fût conçu au tems de la donation.

252. La donation demeurera pareillement révoquée, lors même que le donataire serait entré en
possession des biens donnés, et qu'il y aurait été
laissé par le donateur, depuis la survenance de
l'enfant ; sans néanmoins que le donataire soit
tenu de restituer les fruits par lui perçus, de
quelque nature qu'ils soient, si ce n'est du jour
que la naissance de l'enfant, ou sa légitimation,
par mariage subséquent, lui aura été notifiée par
exploit ou autre acte en bonne forme ; et ce,
quand même la demande pour rentrer dans les
biens donnés, n'aurait été formée que postérieurement à cette notification.

253. Les biens compris dans la donation révoquée
de plein droit, rentreront dans le patrimoine du
donateur, libres de toutes charges et hypothèques
du chef du donataire, sans qu'ils puissent demeurer
affectés, même subsidiairement, à la restitution
de la dot de la femme de ce donataire, de ses
reprises ou autres conventions matrimoniales; ce
qui aura lieu, quand même la donation aurait été
faite en faveur du mariage du donataire, et insérée
dans le contrat, et que le donateur se serait obligé,
comme caution, par la donation, à l'exécution du
contrat de mariage.

254. Les donations ainsi révoquées ne pourro
revivre ou avoir de nouveau leur effet, ni par la
mort de l'enfant du donateur, ni par aucun acte
confirmatif; et si le donateur veut donner les mêmes biens au même donataire, soit avant ou ap

la mort de l'enfant, par la naissance duquel la donation avait été révoquée, il ne le pourra faire que par une nouvelle disposition.

255. Toute clause ou convention par laquelle le donateur aurait renoncé à la révocation de la donation, pour survenance d'enfant, sera regardée comme nulle, et ne pourra produire aucun effet.

256. Le donataire, ses héritiers ou ayant-cause, ou autres détenteurs des choses données, ne pourront opposer la prescription pour faire valoir la donation révoquée par la survenance d'enfant, qu'après une possession de trente années, qui ne pourront commencer à courir que du jour de la naissance du dernier enfant du donateur, même posthume; et ce, sans préjudice des interruptions telles que de droit.

CHAPITRE IV.

Des dispositions testamentaires.

SECTION PREMIÈRE.

Des règles générales sur la forme des testamens.

(*) 257. Toute personne pourra disposer par testament, soit sous le titre d'institution d'héritier,

---

(*) Pour ne nous pas répéter inutilement, nous renvoyons à l'observation correspondante au chapitre précédent, pag. 155, sur la forme des donations. Elle s'applique entièrement aux deux pre-

soit sous le titre de legs ; soit sous toute autre dé-nomination propre à manifester sa volonté.

258. Un testament ne pourra être fait dans le même acte par deux ou plusieurs personnes, soit au profit d'un tiers, soit à titre de disposition réciproque et mutuelle.

259. Un testament pourra être olographe, ou fait par acte public, ou dans la forme mystique.

260. Le testament olographe ne sera point valable, s'il n'est écrit en entier, daté et signé de la main du testateur ; il n'est assujéti à aucune autre forme.

261. Le testament par acte public, est celui qui est reçu par deux notaires, en présence de deux témoins ; ou par un notaire, en présence de quatre témoins.

262. Si le testament est reçu par deux notaires, il leur est dicté par le testateur, et il doit être écrit, par l'un de ces notaires, tel qu'il est dicté.

S'il n'y a qu'un notaire, il doit également être dicté par le testateur, et écrit par ce notaire.

Dans l'un et l'autre cas, il doit en être donné

---

mières sections de celui-ci ; on peut seulement remarquer que les formes sont beaucoup moins compliquées dans le code qu'elles ne l'ont été jusqu'à ce moment, sur-tout celles de la rédaction. On devait nécessairement l'attendre des lumières qui se propagent, et étendent par-tout leur heureuse influence ; on devait l'attendre du bon esprit des rédacteurs du code.

lecture au testateur, en présence des témoins.

Il est fait du tout mention expresse.

263. Ce testament doit être signé par le testateur: s'il déclare qu'il ne sait ou ne peut signer, il sera fait dans l'acte, mention expresse de sa déclaration, ainsi que de la cause qui l'empêche de signer.

264. Le testament devra être signé par les témoins; et néanmoins, dans les campagnes, il suffira qu'un des deux témoins signe, si le testament est reçu par deux notaires; et que deux des quatre témoins signent, s'il est reçu par un notaire.

265. Ne pourront être pris pour témoins du testament par acte public, ni les légataires, à quelque titre qu'ils le soient, ni leurs parens ou alliés jusqu'au quatrième degré inclusivement, ni les clercs des notaires, par lesquels les actes seront reçus.

266. Lorsque le testateur voudra faire un testament mystique ou secret, il sera tenu de signer ses dispositions, soit qu'il les ait écrites lui-même, ou qu'il les ait fait écrire par un autre. Sera le papier qui contiendra ces dispositions, ou le papier qui servira d'enveloppe, s'il y en a une, clos et scellé.

Le testateur le présente ainsi clos et scellé au notaire, et à six témoins au moins, ou il le fera clore et sceller en leur présence; et il déclarera que le contenu, en ce papier, est son testament écrit et signé de lui, ou écrit par un autre et signé de lui: le notaire en dressera l'acte de suscription, qui sera écrit sur ce papier ou sur la feuille qui servira d'enveloppe: cet acte sera signé tant par le testateur que par le notaire, ensemble par les té-moins. Tout ce que dessus sera fait de suite et sans divertir à autres actes ; et en cas que le testateur, par un empêchement survenu depuis la signature du testament, ne puisse signer l'acte de suscription, il sera fait mention de la déclaration qu'il en aura faite, sans qu'il soit besoin, en ce cas, d'augmenter le nombre des témoins.

267. Si le testateur ne sait signer, ou s'il n'a pu le faire lorsqu'il a fait écrire ses dispositions, il sera appelé à l'acte de suscription, un témoin, outre le nombre porté par l'article précédent, lequel signera l'acte avec les autres témoins, et il y sera fait mention de la cause pour laquelle ce témoin aura été appelé.

268. Ceux qui ne savent ou ne peuvent lire, ne pourront faire de disposition dans la forme du testament mystique.

269. En cas que le testateur ne puisse parler, mais qu'il puisse écrire, il pourra faire un testament mystique, à la charge que le testament sera entièrement écrit, daté et signé de sa main, qu'il le présentera au notaire et aux témoins, et qu'au haut de l'acte de suscription, il écrira, en leur présence, que le papier qu'il présente est son testament : après quoi, le notaire écrira l'acte de suscription, dans lequel il sera fait mention que le testateur a écrit ces mots en présence du notaire et des témoins ; et sera, au surplus, observé tout ce qui est prescrit par l'article 266.

270. Les témoins appelés pour être présens au testament devront être mâles, majeurs, républicoles, jouissant des droits civils.

SECTION II.

Des règles particulières sur la forme de certains testamens.

271. Les testamens des militaires et des individus employés dans les armées pourront, en quelque pays que ce soit, être reçus par un chef de bataillon ou d'escadron, ou par tout autre officier, d'un grade supérieur, en présence de deux témoins; ou par deux commissaires des guerres, ou par un de ces commissaires en présence de deux témoins.

272. Ils pourront encore, si le testateur est malade ou blessé, être reçus par l'officier de santé en chef, assisté du commandant militaire chargé de la police de l'hospice.

273. Les dispositions des articles ci-dessus, n'auront lieu qu'en faveur de ceux qui seront en expédition militaire, ou en quartier, ou en garnison hors du territoire de la République, ou prisonniers chez l'ennemi, sans que ceux qui seront en quartier ou en garnison dans l'intérieur puissent en profiter, à moins qu'ils ne se trouvent dans une place assiégée ou dans une citadelle, et autres lieux dont les portes soient fermées et les communications interrompues, à cause de la guerre.

* *Code des Succcessions. An XI.* H

274. Le testament fait dans la forme ci-dessus établie, sera nul six mois après que le testateur sera revenu dans un lieu où il aura la liberté d'employer les formes ordinaires.

275. Les testamens faits dans un lieu avec lequel toute communication sera interceptée à cause de la peste, ou autre maladie contagieuse, pourront être faits devant le juge de paix, ou devant l'un des officiers municipaux de la commune, en présence de deux témoins.

276. Cette disposition aura lieu, tant à l'égard de ceux qui seraient attaqués de ces maladies, que de ceux qui seraient dans les lieux qui en sont infectés, encore qu'ils ne fussent pas actuellement malades.

277. Les testamens mentionnés aux deux précédens articles, deviendront nuls, six mois après que les communications auront été rétablies dans le lieu où le testateur se trouve, ou six mois après qu'il aura passé dans un lieu où elles ne seront point interrompues.

278 Les testamens faits sur mer, dans le cours d'un voyage, pourront être reçus ; savoir :

A bord des vaisseaux et autres bâtimens de l'État, par l'officier commandant le bâtiment, ou, à son défaut, par celui qui le supplée dans l'ordre du service, l'un ou l'autre, conjointement avec l'officier d'administration, ou avec celui qui en remplit les fonctions ;

Et à bord des bâtimens de commerce, par l'écrivain du navire ou celui qui en fait les fonctions, l'un ou l'autre conjointement avec le capitaine , le maître ou le patron, ou, à leur défaut, par ceux qui les remplacent.

Dans tous les cas, ces testamens devront être reçus en présence de deux témoins.

279. Sur les bâtimens de l'Etat, le testament du capitaine ou celui de l'officier d'administration, et, sur les bâtimens de commerce, celui du capitaine, du maître ou patron , ou celui de l'écrivain , pourront être reçus par ceux qui viennent après eux dans l'ordre du service , en se conformant pour le surplus aux dispositions de l'article précédent.

280. Dans tous les cas, il sera fait un double original des testamens mentionnés aux deux articles précédens.

281 Si le bâtiment aborde dans un port étranger , dans lequel se trouve un commissaire des relations commerciales de France, ceux qui auront reçu le testament, seront tenus de déposer l'un des originaux , clos ou cacheté , entre les mains de ce commissaire, qui le fera parvenir au ministre de la marine, et celui-ci en fera faire le dépôt au greffe de la justice de paix du lieu du domicile du testateur.

282. Au retour du bâtiment en France , soit dans le port de l'armement, soit dans un port autre que celui de l'armement, les deux originaux du testament , également clos et cachetés, ou

l'original qui resterait, si, conformément à l'article précédent, l'autre avait été déposé pendant le cours du voyage, seront remis au bureau du préposé de l'inscription maritime ; ce préposé les fera passer sans délai au ministre de la marine, qui en ordonnera le dépôt, ainsi qu'il est dit au même article.

283. Il sera fait mention sur le rôle du bâtiment, à la marge du nom du testatateur, de la remise qui aura été faite des originaux du testament, soit entre les mains d'un commissaire des relations commerciales, soit au bureau d'un préposé de l'inscription maritime.

284. Le testament ne sera point réputé fait en mer, quoiqu'il l'ait été dans le cours du voyage, si, au tems où il a été fait, le navire avait abordé une terre, soit étrangère, soit de la domination française, où il y aurait un officier public français ; auquel cas il ne sera valable qu'autant qu'il aura été dressé suivant les formes prescrites en France, ou suivant celles usitées dans les pays où il aura été fait.

285. Les dispositions ci-dessus seront communes aux testamens faits par les simples passagers qui ne feront point partie de l'équipage.

286. Le testament fait sur mer, en la forme prescrite par l'article 278, ne sera valable qu'autant que le testateur mourra en mer, ou dans les trois mois après qu'il sera descendu à terre, et dans un lieu où il aura pu le refaire dans les formes ordinaires.

287. Le testament fait sur mer ne pourra contenir aucune disposition au profit des officiers du
vaisseau, s'ils ne sont parens du testateur.

Les testamens compris dans les articles ci-dessus
de la présente section, seront signés par les testateurs et par ceux qui les auront reçus.

Si le testateur déclare qu'il ne sait ou ne peut
signer, il sera fait mention de sa déclaration,
ainsi que de la cause qui l'empêche de signer.

Dans le cas où la présence de deux témoins
est requise, le testament sera signé au moins par
l'un d'eux, et il sera fait mention de la cause pour
laquelle l'autre n'aura pas signé.

288. Un français qui se trouvera en pays étranger, pourra faire ses dispositions testamentaires
par acte, sous signature privée, ainsi qu'il est
prescrit en l'article 260, ou par acte authentique,
avec les formes usitées dans le lieu où il est
passé.

289. Les testamens faits en pays étrangers ne
pourront être exécutés sur les biens situés en
France, qu'après avoir été enregistrés au bureau
du domicile du testateur, s'il en a conservé un,
sinon au bureau de son dernier domicile connu
en France ; et dans le cas où le testament contiendrait des dispositions d'immeubles qui y seraient
situés ; il devra être, en outre, enregistré au
bureau de la situation de ces immeubles, sans
qu'il puisse être exigé un double droit.

290. Les formalités auxquelles les divers tes-

tamens sont assujétis par les dispositions de la présente section et de la précédente, doivent être observées, à peine de nullité.

Section III.

Des institutions d'héritier, et des legs en général.

(*) 291. Les dispositions testamentaires, sont ou universelles, ou à titre universel, on à titre particulier.

Chacune de ces dispositions, soit qu'elle ait été faite sous la dénomination d'institution d'héritier, soit qu'elle ait été faite sous la dénomination de legs, produira son effet suivant les règles ci-après établies pour les legs universels, pour les legs à titre universel, et pour les legs particuliers.

─────────────────────

(*) Il ne pouvait, il ne devait pas exister de dispositions législatives sur les institutions d'héritiers, sur les legs universels, sur les legs à titre universel, les legs particuliers, sur les exécuteurs testamentaires, lorsque la loi *interdisait* toute disposition en ligne directe (*loi du 7 mars* 1793), et toute disposition en faveur des successibles quelconques (*loi du 5 brumaire an* 2). Dans un tel système de législation, il ne s'agit plus d'institution d'héritiers ni de légataires. Dans la loi de germinal an 8, quoique la liberté de disposer fût étendue, il n'était fait mention d'aucune règle sur les institutions à divers titres : les règles de la disponibilité seules étaient posées.

Section IV.

Du legs universel.

292. Le legs universel est la disposition testamentaire par laquelle le testateur donne à une ou plusieurs personnes l'universalité des biens qu'il laissera à son décès.

293. Lorsqu'au décès du testateur il y a des héritiers auxquels une quotité de ses biens est réservée par la loi, ces héritiers sont saisis de plein droit par sa mort, de tous les biens de la succession, et le légataire universel est tenu de leur demander la délivrance des biens compris dans le testament.

294. Néanmoins, dans les mêmes cas, le légataire universel aura la jouissance des biens compris dans le testament, à compter du jour du décès, si la demande en délivrance a été faite dans l'année, depuis cette époque; sinon, cette jouissance ne commencera que du jour de la demande formée en justice, ou du jour que la délivrance aurait été volontairement consentie.

295. Lorsqu'au décès du testateur, il n'y aura pas d'héritiers auxquels une quotité de ses biens soit réservée par la loi, le légataire universel sera saisi de plein droit par la mort, sans être tenu de demander la délivrance.

296. Tout testament olographe sera, avant d'être mis à exécution, présenté au président du tribunal

de première instance de l'arrondissement dans lequel la succession est ouverte. Ce testament sera ouvert, s'il est cacheté. Le président dressera procès-verbal de la présentation, de l'ouverture et de l'état du testament, dont il ordonnera le dépôt entre les mains du notaire par lui commis.

Si le testament est dans la forme mystique, sa présentation, son ouverture, sa description et son dépôt, seront faits de la même manière ; mais l'ouverture ne pourra se faire qu'en présence de ceux des notaires et des témoins, signataires de l'acte de suscription, qui se trouveront sur les lieux, ou eux appelés.

297. Dans le cas de l'article 295, si le testament est olographe ou mystique, le légataire universel sera tenu de se faire envoyer en possession par une ordonnance du président, mise au bas d'une requête à laquelle sera joint l'acte de dépôt.

298. Le légataire universel qui sera en concours avec un héritier auquel la loi réserve une quotité des biens, sera tenu des dettes et charges de la succession du testateur, personnellement pour sa part et portion, et hypothécairement pour le tout ; et il sera tenu d'acquitter tous les legs, sauf le cas de réduction, ainsi qu'il est expliqué aux articles 216 et 217.

SECTION V.

Des legs à titre universel.

299. Le legs à titre universel est celui par lequel le testateur lègue une quote-part des biens dont la loi lui permet de disposer, telle qu'une moitié, un tiers, ou tous ses immeubles, ou tout son mobilier, ou une quotité fixe de tous ses immeubles ou de tout son mobilier.

Tout autre legs ne forme qu'une disposition à titre particulier.

300. Les légataires à titre universel seront tenus de demander la délivrance aux héritiers auxquels une quotité des biens est réservée par la loi, à leur défaut, aux légataires universels, et, à défaut de ceux-ci, aux héritiers appelés dans l'ordre établi au titre *des successions.*

301. Le légataire à titre universel sera tenu, comme le légataire universel, des dettes et charges de la succession du testateur, personnellement pour sa part et portion, et hypothécairement pour le tout.

302. Lorsque le testateur n'aura disposé que d'une quotité de la portion disponible, et qu'il l'aura fait à titre universel, ce légataire sera tenu d'acquitter les legs particuliers par contribution avec les héritiers naturels.

Section VI.

Des legs particuliers.

303. Tout legs pur et simple donnera au légataire, du jour du décès du testateur, un droit à la chose léguée, droit transmissible à ses héritiers ou ayant-cause.

Néanmoins, le légataire particulier ne pourra se mettre en possession de la chose léguée, ni en prétendre les fruits ou intérêts, qu'à compter du jour de sa demande en délivrance, formée suivant l'ordre établi par l'article 300, ou du jour auquel cette délivrance lui aurait été volontairement consentie.

304. Les intérêts ou fruits de la chose léguée courront au profit du légataire dès le jour du décès, et sans qu'il ait formé sa demande en justice :

1°. Lorsque le testateur aura expressément déclaré sa volonté, à cet égard, dans le testament;

2°. Lorsqu'une rente viagère ou une pension aura été léguée à titre d'alimens.

305. Les frais de la demande en délivrance seront à la charge de la succession, sans néanmoins qu'il puisse en résulter de réduction de la réserve légale.

Les droits d'enregistrement seront dus par le légataire.

Le tout, s'il n'en a été autrement ordonné par le testament.

Chaque legs pourra être enregistré séparément, sans que cet enregistrement puisse profiter à aucun autre qu'au légataire ou à ses ayant-cause.

306. Les héritiers du testateur, ou autres débiteurs d'un legs, seront personnellement tenus de l'acquitter, chacun au prorata de la part et portion dont ils profiteront dans la succession.

Ils en seront tenus hypothécairement pour le tout, jusqu'à concurrence de la valeur des immeubles de la succession dont il seront détenteurs.

307. La chose léguée sera délivrée avec les accessoires nécessaires, et dans l'état où elle se trouvera au jour du décès du donateur.

308. Lorsque celui qui a légué la propriété d'un immeuble, l'a ensuite augmenté par des acquisitions, ces acquisitions, fussent-elles contiguës, ne seront pas censées, sans une nouvelle disposition, faire partie du legs.

Il en sera autrement des embellissemens ou des constructions nouvelles faites sur le fonds légué, ou d'un enclos dont le testateur aurait augmenté l'enceinte.

309. Si, avant le testament ou depuis, la chose léguée a été hypothéquée pour une dette de la succession, ou même pour la dette d'un tiers, ou si elle est grevée d'un usufruit, celui qui doit acquitter le legs n'est point tenu de le dégager, à moins qu'il n'ait été chargé de le faire par une disposition expresse du testateur.

310. Lorsque le testateur aura légué la chose

d'autrui, le legs sera nul, soit que le testateur ait connu, ou non, qu'elle ne lui appartenait pas.

311. Lorsque le legs sera d'une chose indéterminée, l'héritier ne sera pas obligé de la donner de la meilleure qualité, et il ne pourra l'offrir de la plus mauvaise.

312. Le legs fait au créancier, ne sera pas censé en compensation de sa créance, ni le legs fait au domestique, en compensation de ses gages.

313 Le légataire à titre particulier ne sera point tenu des dettes de la succession, sauf la réduction du legs, ainsi qu'il est dit ci-dessus, et sauf l'action hypothécaire des créanciers.

Section VII.

Des exécuteurs testamentaires.

314. Le testateur pourra nommer un ou plusieurs exécuteurs testamentaires.

315. Il pourra leur donner la saisine du tout, ou seulement d'une partie de son mobilier; mais elle ne pourra durer au-delà de l'an et jour, à compter de son décès.

S'il ne la leur a pas donnée, ils ne pourront l'exiger.

316. L'héritier pourra faire cesser la saisine, en offrant de remettre aux exécuteurs testamentaires, une somme suffisante pour le paiement des legs mobiliers, ou en justifiant de ce paiement.

317. Celui qui ne peut s'obliger, ne peut pas être exécuteur testamentaire.

318. La femme mariée ne pourra accepter l'exécution testamentaire qu'avec le consentement de son mari.

Si elle est séparée de biens, soit par contrat de mariage, soit par jugement, elle le pourra avec le consentement de son mari, ou, à son refus, autorisée par la justice, conformément à ce qui est prescrit par les articles 211 et 213, au titre *du mariage*.

319. Le mineur ne pourra être exécuteur testamentaire, même avec l'autorisation de son tuteur ou curateur.

320 Les exécuteurs testamentaires feront apposer les scellés, s'il y a des héritiers mineurs, interdits ou absens.

Ils feront faire, en présence de l'héritier présomptif, ou lui dûment appelé, l'inventaire des biens de la succession.

Ils provoqueront la vente du mobilier, à défaut de deniers suffisans pour acquitter les legs.

Ils veilleront à ce que le testament soit exécuté; et ils pourront, en cas de contestation sur son exécution, intervenir pour en soutenir la validité.

Ils devront, à l'expiration de l'année du décès du testateur, rendre compte de leur gestion.

321. Les pouvoirs de l'exécuteur testamentaire ne passeront point à ses héritiers.

322. S'il y a plusieurs exécuteurs testamentaires

qui aient accepté, un seul pourra agir au défaut des autres ; et ils seront solidairement responsables du compte du mobilier qui leur a été confié, à moins que le testateur n'ait divisé leurs fonctions, et que chacun d'eux ne se soit renfermé dans celle qui lui était attribuée.

323. Les frais faits par l'exécuteur testamentaire, pour l'apposition des scellés, l'inventaire, le compte et les autres frais relatifs à ses fonctions, seront à la charge de la succession.

SECTION VIII.

De la révocation des testamens, et de leur caducité.

324. Les testamens ne pourront être révoqués, en tout ou en partie, que par un testament postérieur, ou par un acte devant notaire, portant déclaration du changement de volonté.

325. Les testamens postérieurs qui ne révoqueront pas d'une manière expresse les précédens, n'annulleront, dans ceux-ci, que celles des dispositions y contenues qui se trouveront incompatibles avec les nouvelles, ou qui seront contraires.

326. La révocation faite dans un testament postérieur aura tout son effet, quoique ce nouvel acte reste sans exécution, par l'incapacité de l'héritier institué ou du légataire, ou par leur refus de recueillir.

327. Toute aliénation, celle même par vente avec faculté de rachat ou par échange, que fera le testateur de tout ou partie de la chose léguée, emportera la révocation du legs pour tout ce qui a été aliéné, encore que l'aliénation postérieure soit nulle, et que l'objet soit rentré dans la main du testateur.

328. Toute disposition testamentaire sera caduque, si celui en faveur de qui elle est faite n'a pas survécu au testateur.

329. Toute disposition testamentaire, faite sous une condition dépendante d'un évènement incertain, et telle que, dans l'intention du testateur, cette disposition ne doive être exécutée qu'autant que l'évènement arrivera ou n'arrivera pas, sera caduque, si l'hériter institué ou le légataire décède avant l'accomplissement de la condition.

330. La condition qui, dans l'intention du testateur, ne fait que suspendre l'exécution de la disposition, n'empêchera pas l'héritier institué, ou le légataire, d'avoir un droit acquis et transmissible à ses héritiers.

331. Le legs sera caduc si la chose léguée a totalement péri pendant la vie du testateur.

Il en sera de même, si elle a péri depuis sa mort, sans le fait et la faute de l'héritier, quoique celui-ci ait été mis en retard de la délivrer, lorsqu'elle eût également dû périr entre les mains du légataire.

332. La disposition testamentaire sera caduque,

lorsque l'héritier institué ou le légataire la répudiera, ou se trouvera incapable de la recueillir.

333. Il y aura lieu à accroissement au profit des légataires, dans le cas où le legs sera fait à plusieurs, conjointement.

Le legs sera réputé fait conjointement, lorsqu'il le sera par une seule et même disposition, et que le testateur n'aura pas assigné la part de chacun des co-légataires dans la chose léguée.

334. Il sera encore réputé fait conjointement, quand une chose, qui n'est pas susceptible d'être divisée sans détérioration, aura été donnée par le même acte à plusieurs personnes, même séparément.

335. Les mêmes causes qui, suivant l'article 244 et les deux premières dispositions de l'article 245 du présent titre, autoriseront la demande en révocation de la donation entre - vifs, seront admises pour la demande en révocation des dispositions testamentaires.

336. Si cette demande est fondée sur une injure grave, faite à la mémoire du testateur, elle doit être intentée dans l'année, à compter du jour du délit.

CHAPITRE V.

Des dispositions permises en faveur des petits-enfans du donateur ou testateur, ou des enfans de ses frères et sœurs.

(*) 337. Les biens dont les pères et mères ont la faculté de disposer, pourront être par eux donnés, en tout ou en partie, à un ou plusieurs de leurs enfans, par actes entre-vifs ou testamentaires, avec la charge de rendre ces biens aux enfans nés et à naître, au premier degré seulement desdits donataires.

338. Sera valable, en cas de mort sans enfans, la disposition que le défunt aura faite par acte entre-vifs ou testamentaire, au profit d'un ou plusieurs de ses frères ou sœurs, de tout ou partie des biens qui ne sont point réservés par la loi dans sa succession, avec la charge de rendre ces biens aux enfans nés et à naître, au premier degré seulement, desdits frères ou sœurs donataires.

33g. Les dispositions permises par les deux articles précédens, ne seront valables qu'autant que

---

(*) Les petits-enfans et les enfans des frères et sœurs du donateur n'étaient pas autrement traités dans les lois *intermédiaires*, que les autres descendans ou collatéraux. Nous avons déjà exposé la législation à l'égard de tous, pag. 148, à laquelle nous renvoyons.

la charge de restitution sera au profit de tous les enfans nés et à naître du grevé, sans exception ni préférence d'âge ou de sexe.

340. Si, dans le cas ci-dessus, le grevé de restitution au profit de ses enfans, meurt, laissant des enfans au premier degré et des descendans d'un enfant prédécédé, ces derniers recueilleront, par représentation, la portion de l'enfant prédécédé.

341. Si l'enfant, le frère ou la sœur auxquels des biens auraient été donnés par acte entre - vifs, sans charge de restitution, acceptent une nouvelle libéralité faite par acte entre-vifs ou testamentaire, sous la condition que les biens précédemment donnés demeureront grevés de cette charge, il ne leur est plus permis de diviser les deux dispositions faites à leur profit, et de renoncer à la seconde pour s'en tenir à la première, quand même ils offriraient de rendre les biens compris dans la seconde disposition.

342. Les droits des appelés seront ouverts à l'époque où, par quelque cause que ce soit, la jouissance de l'enfant, du frère ou de la sœur grevés de restitution, cessera : l'abandon anticipé de la jouissance au profit des appelés ne pourra préjudicier aux créanciers du grevé antérieurs à l'abandon.

343. Les femmes de grevés ne pourront avoir, sur les biens à rendre, de recours subsidiaire, en cas d'insuffisance des biens libres, que pour le capital des deniers dotaux, et dans le cas seulement

où le testateur l'aurait expressément ordonné.

344. Celui qui fera les dispositions autorisées par les articles précédens, pourra par le même acte, ou par un acte postérieur, en forme authentique, nommer un tuteur chargé de l'exécution de ces dispositions : ce tuteur ne pourra être dispensé que pour une des causes exprimées à la sixième section du chapitre II du titre de la *minorité et des tutelles*.

345. A défaut de ce tuteur, il en sera nommé un à la diligence du grevé, ou de son tuteur, s'il est mineur, dans le délai d'un mois, à compter du jour du décès du donateur ou testateur, ou du jour que, depuis cette mort, l'acte contenant la disposition aura été connu.

346. Le grevé qui n'aura pas satisfait à l'article précédent, sera déchu du bénéfice de la disposition ; et dans ce cas, le droit pourra être déclaré ouvert au profit des appelés, à la diligence, soit des appelés s'ils sont majeurs, soit de leurs tuteurs ou curateurs, s'ils sont mineurs ou interdits, soit de tout parent des appelés majeurs, mineurs ou interdits, ou même d'office, à la diligence du commissaire du gouvernement près le tribunal de première instance du lieu où la succession est ouverte.

347. Après le décès de celui qui aura disposé à la charge de restitution, il sera procédé, dans les formes ordinaires, à l'inventaire de tous les biens et effets qui composeront sa succession, excepté

néanmoins, le cas où il ne s'agirait que d'un legs particulier : cet inventaire contiendra la prisée à juste prix des meubles et effets mobiliers.

348. Il sera fait à la requête du grevé de restitution, et dans le délai fixé au titre des *successions*, en présence du tuteur nommé pour l'exécution : les frais seront pris sur les biens compris dans la disposition.

349. Si l'inventaire n'a pas été fait à la requête du grevé, dans le délai ci-dessus, il y sera procédé dans le mois suivant, à la diligence du tuteur nommé pour l'exécution, en présence du grevé ou de son tuteur.

350. S'il n'a point été satisfait aux deux articles précédens, il sera procédé au même inventaire, à la diligence des personnes désignées en l'article 346, en y appelant le grevé ou son tuteur, ou le tuteur nommé pour l'exécution.

351. Le grevé de restitution sera tenu de faire procéder à la vente, par affiche et enchères, de tous les meubles et effets compris dans la disposition, à l'exception néanmoins de ceux dont il est mention dans les deux articles suivans.

352. Les meubles meublans et autres choses mobiliaires qui auraient été compris dans la disposition, à la condition expresse de les conserver en nature, seront rendus dans l'état où ils se trouveront lors de la restitution.

353. Les bestiaux et ustensiles servant à faire valoir les terres, seront censés compris dans les

donations entre - vifs ou testamentaires desdites
terres; et le grevé sera seulement tenu de les faire
priser et estimer, pour en rendre une égale valeur
lors de la restitution.

354. Il sera fait par le grevé, dans le délai de
six mois, à compter du jour de la clôture de
l'inventaire, un emploi des deniers comptans,
de ceux provenant du prix des meubles et effets
qui auront été vendus, et de ce qui aura été reçu
des effets actifs.

Ce délai pourra être prolongé, s'il y a lieu.

355. Le grevé sera pareillement tenu de faire
emploi des deniers provenant des effets actifs qui
seront recouvrés et des remboursemens de rentes,
et ce, dans trois mois au plus tard, après qu'il aura
reçu ces deniers.

356. Cet emploi sera fait conformément à ce
qui aura été ordonné par l'auteur de la disposition,
s'il désigne la nature des effets dans lesquels l'emploi doit être fait; sinon il ne pourra l'être qu'en
immeubles, ou avec privilége sur des immeubles.

357. L'emploi ordonné par les articles précédens,
sera fait en présence et à la diligence du tuteur
nommé pour l'exécution.

358. Les dispositions par acte entre-vifs ou testamentaire, à charge de restitution, seront, à
la diligence, soit du grevé, soit du tuteur nommé
pour l'exécution, rendues publiques; savoir: quant
aux immeubles, par la transcription des actes
sur les registres au bureau des hypothèques du lieu

de la situation ; et quant aux sommes colloquées avec privilége sur des immeubles, par l'inscription sur les biens affectés au privilége.

359. Le défaut de transcription de l'acte contenant la disposition, pourra être opposé par les créanciers et tiers acquéreurs, même aux mineurs ou interdits ; sauf le recours contre le grevé et contre le tuteur à l'exécution , et sans que les mineurs ou interdits puissent être restitués contre ce défaut de transcription , quand même le grevé et les tuteurs se trouveraient insolvables.

360. Le défaut de transcription ne pourra être suppléé , ni regardé comme couvert par la connaissance que les créanciers ou les tiers acquéreurs pourraient avoir eue de la disposition, par d'autres voies que celle de la transcription.

361. Les donataires, les légataires, ni même les héritiers légitimes de celui qui aura fait la disposition, ni pareillement leurs donataires, légataires ou héritiers, ne pourront, en aucun cas, opposer aux appelés le défaut de transcription ou inscription.

362. Le tuteur nommé pour l'exécution sera personnellement responsable , s'il ne s'est pas, en tout point , conformé aux règles ci-dessus établies pour constater les biens, pour la vente du mobilier, pour l'emploi des deniers, pour la transcription et l'inscription, et en général s'il n'a pas fait toutes les diligences nécessaires pour que la charge de restitution soit bien et fidèlement acquittée.

363. Si le grevé est mineur, il ne pourra, dans le cas même de l'insolvabilité de son tuteur, être restitué, contre l'inexécution des règles qui lui sont prescrites par les articles du présent chapitre.

CHAPITRE VI.

Des partages faits par père, mère, ou autres ascendans, entre leurs descendans.

(*) 364. Les père et mère et autres ascendans pourront faire, entre leurs enfans et descendans, la distribution et le partage de leurs biens.

(*) Rien de semblable ou de relatif aux partages faits par les pères et mères dont parle le chap. VI, ne devait se trouver dans nos lois antérieures, depuis le 7 mars 1793. Le partage entre *les* enfans, en effet, étant absolu, le père n'avait aucune précaution à prendre, aucun soin à se donner à cet égard. Depuis la loi de germinal an 8, les pères et mères auraient pu, d'après la faculté qui leur était accordée, en raison du nombre de leurs enfans, distribuer, par manière de partage, leur patrimoine entre ceux-ci; mais la marche directe était plus facile, toutes les fois que le chef de la famille voulait user de la faculté de disposer; et, au lieu de faire des partages, sujets à controverse et à exciter des réclamations de la part des enfans les moins bien traités, il était plus simple de déclarer, par un acte authentique, qu'il gratifiait tel e ses enfans d'une telle portion d'héritage; le surlus se divisant naturellement et également entre ous les descendans du disposant.

365. Ces partages pourront être faits par actes entre-vifs ou testamentaires , avec les mêmes formalités , conditions et règles prescrites pour les donations entre-vifs et testamens.

Les partages faits par actes entre-vifs ne pourront avoir pour objet que les biens présens.

366. Si tous les biens que l'ascendant laissera au jour de son décès, n'ont pas été compris dans le partage, ceux de ces biens qui n'y auront pas été compris, seront partagés conformément à la loi.

367. Si le partage n'est pas fait entre tous les enfans qui existeront à l'époque du décès, et les descendans de ceux prédécédés, le partage sera nul pour le tout. Il en pourra être provoqué un nouveau dans la forme légale, soit par les enfans

---

Il nous semble même, sans attacher autrement d'importance à notre opinion , qu'indépendamment de la faculté expresse que laisse la *loi ou code*, aux pères et mères de faire des partages entre leurs enfans, il y aura plus à gagner du côté de l'expédition et de la bonne harmonie dans les familles, à se servir du mode de la donation contractuelle, testamentaire ou de toute autre, qu'à effectuer des partages exposés à être attaqués, aux termes de l'art. 368 , par ceux qui se prétendront lésés.

Au surplus, ce simple avertissement n'est présenté ici que dans les vues de conciliation, d'ordre et de paix, que, non-seulement tout jurisconsulte, mais tout honnête homme doit desirer vivement de voir régner par-tout.

ou

ou descendans qui n'y auront reçu aucune part,
soit même par ceux entre qui le partage aurait
été fait.

368. Le partage fait par l'ascendant pourra être
attaqué pour cause de lésion de plus du quart ;
il pourra l'être aussi dans le cas où il résultérait
du partage et des dispositions faites par préciput,
que l'un des co-partagés aurait un avantage plus
grand que la loi ne le permet.

369. L'enfant qui, pour une des causes exprimées en l'article précédent, attaquera le partage
fait par l'ascendant, devra faire l'avance des frais
de l'estimation ; et il les supportera en définitif ,
ainsi que les dépens de la contestation , si la réclamation n'est pas fondée.

CHAPITRE VII.

Des donations faites par contrat de mariage aux
époux et aux enfans à naître du mariage.

370. Toute donation entre-vifs de biens présens,
quoique faite par contrat de mariage aux époux ,
ou à l'un d'eux , sera soumise aux règles générales
prescrites pour les donations faites à ce titre.

Elle ne pourra avoir lieu au profit des enfans à
naître, si ce n'est dans les cas énoncés au chapitre
V ci-dessus.

371. Les pères et mères , les autres ascendans ,
les parens collatéraux des époux , et même les
étrangers , pourront, par contrat de mariage ,

(*) *Code des Successions. An XI.*   I

donner tout ou partie des biens qu'ils laisseront au jour de leur décès, tant au profit desdits époux, qu'au profit des enfans à naître de leur mariage, dans le cas où le donateur survivrait à l'époux donataire.

Pareille donation, quoique faite au profit seulement des époux ou de l'un d'eux, sera toujours, dans ledit cas de survie du donateur, présumée faite au profit des enfans et descendans à naître du mariage.

372. La donation, dans la forme portée au précédent article, sera irrévocable, en ce sens seulement que le donateur ne pourra plus disposer, à titre gratuit, des objets compris dans la donation, si ce n'est pour sommes modiques, à titre de récompense ou autrement.

373. La donation par contrat de mariage pourra être faite cumulativement des biens présens et à venir, en tout ou en partie, à la charge qu'il sera annexé à l'acte un état des dettes et charges du donateur existantes au jour de la donation; auquel cas il sera libre au donataire, lors du décès du donateur, de s'en tenir aux biens présens, en renonçant au surplus des biens du donateur.

374. Si l'état dont est mention au précédent article, n'a point été annexé à l'acte contenant donation des biens présens et à venir, le donataire sera obligé d'accepter ou de répudier cette donation pour le tout. En cas d'acceptation, il ne pourra réclamer que les biens qui se trouveront

existans au jour du décès du donateur, et il sera soumis au paiement de toutes les dettes et charges de la succession.

375. La donation par contrat de mariage en faveur des époux et des enfans à naître de leur mariage, pourra encore être faite, à condition de payer indistinctemnt toutes les dettes et charges de la succession du donateur, ou sous d'autres conditions dont l'exécution dépendrait de sa volonté, par quelque personne que la donation soit faite. Le donataire sera tenu d'accomplir ces conditions, s'il n'aime mieux renoncer à la donation ; et en cas que le donateur par contrat de mariage se soit réservé la liberté de disposer d'un effet compris dans la donation de ses biens présens, ou d'une somme fixe à prendre sur ces mêmes biens, l'effet ou la somme, s'il meurt sans en avoir disposé, seront censés compris dans la donation, et appartiendront au donataire ou à ses héritiers.

376. Les donations faites par contrat de mariage ne pourront être attaquées ni déclarées nulles, sous prétexte de défaut d'acceptation.

377. Toute donation faite en faveur du mariage sera caduque, si le mariage ne s'ensuit pas.

378. Les donations faites à l'un des époux dans les termes des articles 371, 373 et 375 ci-dessus, deviendront caduques, si le donateur survit à l'époux donataire et à sa postérité.

379. Toutes donations faites aux époux par leur contrat de mariage seront, lors de l'ouverture de

la succession du donateur, réductibles à la portion
dont la loi lui permettait de disposer.

CHAPITRE VIII.

*Des dispositions entre époux, soit par contrat
de mariage, soit pendant le mariage.*

(*) 330. Les époux pourront, par contrat de
mariage, se faire réciproquement, ou l'un des
deux à l'autre, telle donation qu'ils jugeront à
propos, sous les modifications ci-après exprimées.

(*) Tout en prohibant d'une manière si rigoureuse la faculté de disposer de ses biens, quels
que fussent l'état et la condition du disposant, la
loi du 17 nivôse permit les avantages entre époux.

Nous transcrivons le texte de l'art 13 de cette loi.

« Les avantages singuliers ou réciproques, sti-
pulés entre les époux encore existans, soit par leur
contrat de mariage, soit par des actes postérieurs,
ou qui se trouveraient établis dans certains lieux
par les coutumes, statuts ou usages, auront leur
plein et entier effet, nonobstant les dispositions
de l'art. 1.er, auquel il est fait exception en ce
point.

» Néanmoins, s'il y a des enfans de leur union,
ou d'un précédent mariage, ces avantages, au cas
qu'ils consistent en simple jouissance, ne pourront
s'élever au-delà de moitié du revenu des biens dé-
laissés par l'époux décédé ; et s'ils consistent en
des dispositions de propriétés, soit mobiliaires,
soit immobiliaires, ils seront restreints à *l'usufruit*

381. Toute donation entre-vifs de biens présens, faite entre époux par contrat de mariage, ne sera point censée faite sous la condition de survie du donataire, si cette condition n'est formellement exprimée; et elle sera soumise à toutes les règles et formes ci-dessus prescrites pour ces sortes de donations.

382. La donation de biens à venir, ou de biens présens et à venir, faite entre époux par contrat de mariage, soit simple, soit réciproque, sera soumise aux règles établies par le chapitre précédent, à l'égard des donations pareilles qui leur seront faites par un tiers ; sauf qu'elle ne sera point transmissible aux enfans issus du mariage, en cas de décès de l'époux donataire avant l'époux donateur.

383. L'époux pourra, soit par contrat de mariage, soit pendant le mariage, pour le cas où il ne laisserait point d'enfans ni descendans, dis-

---

des choses qui en seront l'objet, sans qu'ils puissent excéder la moitié du revenu de la totalité des biens ».

L'art. 14 étend ces dispositions aux avantages à venir.

Ainsi, pendant que toutes dispositions, en ligne directe, étaient interdites, et qu'en collatérale, il n'était permis de disposer que du sixième ou du dixième des biens, les époux ont toujours joui de la faculté précieuse de se faire des avantages réciproques qui, s'il n'existait pas d'enfans, pouvaient épuiser la totalité de leurs biens.

poser en faveur de l'autre époux, en propriété, de tout ce dont il pourrait disposer en faveur d'un étranger, et, en outre, de l'usufruit de la totalité de la portion dont la loi prohibe la disposition, au préjudice des héritiers.

Et pour le cas où l'époux donateur laisserait des enfans ou descendans, il pourra donner à l'autre époux, ou un quart en propriété et un autre quart en usufruit, ou la moitié de tous ses biens en usufruit seulement.

384. Le mineur ne pourra, par contrat de mariage, donner à l'autre époux, soit par la donation simple, soit par donation réciproque, qu'avec le consentement et l'assistance de ceux dont le consentement est requis pour la validité de son mariage ; et, avec ce consentement, il pourra donner tout ce que la loi permet à l'époux majeur de donner à l'autre conjoint.

385. Toutes donations faites entre époux pendant le mariage, quoique qualifiées entre-vifs, seront toujours révocables.

La révocation pourra être faite par la femme, sans y être autorisée par le mari ni par justice ;

Ces donations ne seront point révoquées par la survenance d'enfans.

386. Les époux ne pourront, pendant le mariage, se faire, ni par acte entre-vifs, ni par testament, aucune donation mutuelle et réciproque, par un seul et même acte.

387. L'homme ou la femme qui, ayant des

enfans d'un autre lit, contractera un second ou
subséquent mariage, ne pourra donner à son nouvel
époux qu'une part d'enfant légitime le moins prenant, sans que, dans aucun cas, ces donations
puissent excéder le quart des biens.

388. Les époux ne pourront se donner indirectement au-delà de ce qui leur est permis par les
dispositions ci-dessus.

Toute donation, ou déguisée, ou faite à personnes interposées, sera nulle.

389. Seront réputées faites à personnes interposées, les donations de l'un des époux aux enfans,
ou à l'un des enfans de l'autre époux, issus d'un
autre mariage, et celles faites par le donateur aux
parens dont l'autre époux sera héritier présomptif
au jour de la donation, encore que ce dernier n'ait
point survécu à son parent donataire.

Collationné à l'original, par nous président et
secrétaires du Corps législatif. A Paris, le 13
floréal, an XI de la République française.
Signé VIENOT-VAUBLANC, *président ;*
BLAREAU, MALLEIN, C. TERRASSON, BORIE,
secrétaires.

SOIT la présente loi revêtue du sceau de l'État,
insérée au Bulletin des lois, inscrite dans les registres des autorités judiciaires et administratives,
et le grand-juge, ministre de la justice, chargé

d'en surveiller la publication. A Saint-Cloud, le 23 floréal, an XI de la République.

Signé BONAPARTE, *premier Consul.* Contresigné, *le secrétaire d'état*, HUGUES-B. MARET. Et scellé du sceau de l'État.

Vu, *le Grand-juge*, *ministre de la justice*, *signé* REGNIER.

MOTIFS

Exposés au Corps législatif, par le C. BIGOT-PRÉAMENEU, Conseiller d'État, sur la loi concernant les Donations entre-vifs, et les Testamens.

CITOYENS LÉGISLATEURS,

Le titre du code civil qui a pour objet les donations entre-vifs et les testamens, rappèle tout ce qui peut intéresser l'homme le plus vivement, tout ce qui peut captiver ses affections. Vous allez prononcer sur son droit de propriété, sur les bornes de son indépendance dans l'exercice de ce droit; vous allez poser la principale base de l'autorité des pères et mères sur leurs enfans, et fixer les rapports de fortune qui doivent unir entr'eux tous les autres parens; vous allez régler qu'elle est dans les actes de bienfaisance, et dans les témoignages d'amitié ou de reconnaissance la liberté compatible avec les devoirs de famille.

Il est difficile de convaincre celui qui est habitué à se regarder comme maître absolu de sa fortune, qu'il n'est pas dépouillé d'une partie de son droit de propriété, lorsqu'on veut l'assujétir à des règles, soit sur la quantité des biens dont il entend

I 3

disposer, soit sur les personnes qui sont l'objet de son affection, soit sur les formes avec lesquelles il manifeste sa volonté.

Ce sentiment d'indépendance dans l'exercice du droit de propriété, acquiert une nouvelle force à mesure que l'homme avance dans sa carrière.

- Lorsque la nature et la loi l'ont établi le chef et le magistrat de sa famille, il ne peut exercer ses droits et ses devoirs, s'il n'a pas les moyens de récompenser les uns, de punir les autres, d'encourager ceux qui se portent au bien, de donner des consolations à ceux qui éprouvent les disgraces de la nature ou les revers de la fortune : ces moyens sont principalement dans le meilleur emploi de son patrimoine, et dans la distribution que sa justice et sa sagesse lui indiquent.

Celui qui a perdu les auteurs de ses jours, et qui n'a pas le bonheur d'être père, croit encore avoir droit à une plus grande indépendance dans ses dispositions : il n'a de penchant à suivre que celui de ses affections ou de la reconnaissance. Si ses parens ont rompu, ou n'ont point entretenu les liens qui les ont unis, il ne croit avoir à remplir envers eux aucun devoir.

C'est sur-tout lorsque l'homme voit approcher le terme de sa vie, qu'il s'occupe le plus du sort de ceux qui doivent après sa mort le représenter. C'est alors qu'il prévoit l'époque où il ne pourra plus, en tenant une balance juste, rendre heureux tous les membres de sa famille, et où les bons parens envers lesquels il avait réellement des devoirs à remplir, ne se distingueront plus de ceux qui n'aspiraient qu'à la possession de ses biens.

C'est dans le tems où la parque fatale commence à être menaçante, que l'homme cherche sa consolation, et le moyen de se résigner avec moins de peine à la mort, en faisant, à son gré, la disposition de sa fortune.

Quelques jurisconsultes opposent à ces idées d'indépendance dans l'exercice du droit de propriété, que celui qui dispose pour le tems où il n'existera plus, n'exerce point un droit naturel ; qu'il n'y a de propriété que dans la possession qui finit avec la vie ; que la transmission des biens, après la mort du possesseur, appartient à la loi civile, dont l'objet est de prévenir le désordre auquel la société serait exposée, si ses biens étaient alors la proie du premier occupant, ou s'il fallait les partager entre tous les membres de la société, comme une chose devenue commune à tous.

Ces jurisconsultes prétendent que l'ordre primitif et fondamental de la transmission des biens après la mort, est celui des successions *ab intestat*, et que si l'homme a quelque pouvoir de disposer pour le tems où il n'existera plus, c'est un bienfait de la loi ; c'est une portion de son pouvoir qu'elle lui cède, en posant les bornes qu'il ne peut excéder, et les formes auxquelles il est assujéti ; que la transmission successive des propriétés n'aurait pu être abandonnée à la volonté de l'homme, volonté qui n'eût pas toujours été manifestée, qui souvent est le jouet des passions, qui trop variable n'eût point suffi pour établir l'ordre général que le maintien de la société exige, et que la loi seule peut calculer sur des règles équitables et fixes.

Ce système est combattu par d'autres publicistes, qui le regardent comme pouvant ébranler les fondemens de l'ordre social, en altérant les principes sur le droit de propriété. Ils pensent que ce droit consiste essentiellement dans l'usage que chacun peut faire de ce qui lui appartient; que si sa disposition ne peut avoir lieu qu'après sa mort, elle n'en est pas moins faite pendant sa vie; et qu'en lui contestant la liberté de disposer, c'est réduire sa propriété à un simple usufruit.

Au milieu de ces discussions, il est un guide que l'on peut suivre avec sûreté : c'est la voix que la nature a fait entendre à tous les peuples, et qui a dicté presque toutes les législations.

Les liens du sang, qui unissent et qui constituent les familles, sont formés par les sentimens d'affection que la nature a mis dans le cœur des parens, les uns pour les autres. L'énergie de ces sentimens augmente en raison de la proximité de parenté, et elle est portée au plus haut degré entre les pères et mères et leurs enfans.

Il n'est aucun législateur sage qui n'ait considéré ces différens degrés d'affection, comme lui présentant le meilleur ordre pour la transmission des biens.

Ainsi la loi civile, pour être parfaite à cet égard, n'a rien à créer; et les législateurs ne s'en sont écartés que quand ils ont sacrifié à l'intérêt de leur puissance le plus grand avantage et la meilleure organisation des familles.

Lorsque la loi ne doit suivre que les mouvemens même de la nature; lorsque, pour la transmission des biens, c'est le cœur de chaque membre de la famille qu'elle doit consulter, on pourrait regarder comme indifférent que la transmission des biens se fît par la volonté de l'homme, ou que ce fût par l'autorité de la loi.

Il est cependant, en partant de ces premières idées, un avantage certain à laisser agir, jusqu'à un certain degré, la volonté de l'homme.

La loi ne saurait avoir pour objet que l'ordre général des familles. Ses regards ne peuvent se fixer sur chacune d'elles, ni pénétrer dans son intérieur pour calculer les ressources, la conduite, les besoins de chacun de ses membres, et pour régler ce qui conviendrait le mieux à sa prospérité.

Ce sont des moyens de conservation que le père de famille peut seul avoir. Sa volonté sera donc mieux adaptée aux besoins et aux avantages particuliers de sa famille.

L'avantage que la loi peut retirer en laissant agir la volonté de l'homme, est trop précieux pour qu'elle le néglige; et dès-lors elle n'a plus à prévoir que les inconvéniens qui pourraient résulter de ce qu'on aurait entièrement livré le sort des familles à cette volonté.

Elle peut n'avoir pas été manifestée, soit par négligence, soit par l'incertitude du dernier moment; elle peut aussi être dégradée par des passions injustes: mais, soit que le chef de famille n'ait pas rempli sa mission, soit qu'il ait violé les devoirs et les sentimens naturels, la loi ne devra se mettre à sa place que pour réparer ses omissions ou ses torts.

Si la volonté n'a pas été manifestée, la loi n'a point à établir une règle nouvelle : elle se conforme, dans l'ordre des successions, à ce que font les parens, lorsqu'ils suivent les degrés naturels de leur affection. Si ce n'est pas la volonté déclarée de celui qui est mort, c'est sa volonté présumée qui exerce son empire.

Lorsqu'elle est démentie par la raison; lorsqu'au lieu de l'exercice du plus beau droit de la nature, c'est un outrage qui lui est fait; lorsqu'au lieu du sentiment qui porte à conserver, c'est un sentiment de destruction et de désorganisation qui a dicté cette volonté, la loi ne fait encore que la dégager des passions nuisibles, pour lui conserver ce qu'elle a de raisonnable. Elle n'anéantit point les libéralités excessives; elle ne fait que les réduire. La volonté reste entière dans tout ce qu'elle a de compatible avec l'ordre public.

Ainsi les propriétaires les plus jaloux de leur indépendance n'ont rien à regretter : ils ne peuvent

la regarder comme altérée par la loi civile, soit
que cette loi supplée à leur volonté non manifestée, en établissant l'ordre des successions, soit
que par des règles sur les donations et les testamens, elle contienne cette volonté dans des bornes
raisonnables.

Que la faculté de disposer de ses biens soit
un bienfait de la loi, ou que ce soit l'exercice du
droit de propriété, rien n'est plus indifférent,
pourvu que la loi ne soit pas contraire aux principes qui viennent d'être exposés. S'il en était
autrement, si le législateur, dirigé par les vues
politiques, avait rejeté le plan tracé par la nature
pour la transmission des biens, si la faculté de disposer était resserrée dans des limites trop étroites,
il serait dérisoire de soutenir que cette faculté
ainsi réduite fût encore un bienfait, et que, sous
l'empire d'une pareille loi, il y eût un libre exercice du droit de propriété.

Mais heureusement le système dans lequel la
faculté de disposer, a toute l'étendue que com-
portent les sentimens et les devoirs de famille, est
celui qui s'adapte le mieux à toutes les formes
de gouvernemens, à moins qu'ils ne soient absolument despotiques.

En effet, lorsque les familles auront un intérêt
politique à ce que la distribution des biens reçoive
dés modifications, d'une part, cet intérêt entrera
dans les calculs du père de famille, et de l'autre
son ambition ou sa vanité seront contenues par

les devoirs que la loi ne lui permettra pas de transgresser. La loi, qui donnerait à l'ambition la facilité de sacrifier ces devoirs, serait destructive des familles; et sous aucun rapport, elle ne pourrait être bonne.

Il faut encore observer que la loi civile, qui s'écarte le moins de la loi naturelle, par cela même qu'elle est susceptible de se plier aux différentes formes de gouvernemens, est aussi celle qui peut le mieux fixer le droit de propriété, et le préserver d'être ébranlé par les révolutions.

Lorsque la faculté de disposer, renfermée dans de justes bornes, présente de si grands avantages, il n'est point surprenant qu'elle se trouve consacrée dans presque toutes les législations.

Les plus anciens monumens de l'histoire fournissent les preuves de l'usage des testamens, sans que l'on puisse y découvrir l'époque où cet usage a commencé.

Il eut lieu chez les Égyptiens.

On le retrouve dans les villes de Lacédémone, d'Athènes et dans toutes les contrées de la Grèce.

Lorsqu'environ trois cents ans après la fondation de Rome, ses députés revinrent d'Athènes avec le recueil des lois qu'ils adoptèrent, celle qui concerne les testamens, est exprimée en ces termes: *Paterfamilias, uti legassit super familiâ pecuniâque suâ, itá jus esto.*

Ainsi les Romains, pénétrés alors plus que jamais du sentiment de la liberté publique, ne lui trouvèrent pas de fondement plus solide, qu'en donnant au père de famille une autorité absolue. Ils craignirent, sans doute, que la loi ne s'égarât plutôt que l'affection des pères; et cette grande mesure fut une des bases de leur gouvernement.

Les testamens étaient connus dans les Gaules avant que le droit romain y fût introduit. Marculfe, dans son recueil de formules, nous a conservé celles qu'on employait pour transmettre ainsi ses biens.

La faculté de disposer soit par donation, soit par testament, fait partie de la législation de tous les peuples de l'Europe.

Chez les uns, et c'est, comme on l'a déjà observé, le plus grand nombre, les législateurs ont pris pour base de tout leur système la présomption des différens degrés d'affection des parens entre eux; et leur confiance dans cette affection les a déterminés à laisser aux parens eux-mêmes toute la liberté qui est compatible avec les devoirs que la nature ne permet pas de transgresser.

D'autres législateurs ont aussi établi l'ordre de succéder sur les présomptions d'affections, suivant les degrés de parenté; mais par une sorte de contradiction, n'ayant aucune confiance dans les parens, ils ont mis des bornes étroites à la faculté de disposer envers leurs parens. Cette volonté a même été, dans quelques pays, entièrement enchaînée.

D'autres enfin se sont écartés de ces principes;

ils ont cru qu'ils pouvaient mettre au nombre des ressorts de leur autorité, le mode de transmission et de répartition des biens. Ils ne se sont pas bornés à donner une impulsion à la volonté de l'homme, ils l'ont rendue presque nulle, en ne lui confiant qu'une petite partie de biens.

On n'a point hésité, dans la loi qui vous est proposée, à donner la préférence au système fondé sur les degrés d'affection entre parens, et sur la confiance à laquelle cette affection leur donne droit.

Après avoir posé ce principe fondamental sur la transmission des biens, il a fallu en déduire les conséquences.

Déjà celles qui sont relatives aux biens des personnes qui meurent sans en avoir disposé, vous ont été présentées dans le titre des *successions*.

Il reste à régler ce qui concerne les donations entre-vifs et les testamens.

Il faut d'abord établir les principes généraux, fixer ensuite la quotité des biens dont on pourra disposer, et enfin prescrire des formes suffisantes pour constater la volonté de celui qui dispose, et pour en assurer l'exécution. Tel est le plan général et simple de cette importante loi.

Parmi les règles communes à tous les genres de dispositions, et que l'on a placées en tête de la loi, la plus importante est celle qui confirme l'abolition des substitutions fidéi-commissaires.

Cette manière de disposer, dont on trouve les

premières traces dans la législation romaine, n'entra point dans son système primitif de transmission des biens. Le père de famille put, avec une entière indépendance, distribuer sa fortune entre ceux qui existaient pour la recueillir. Ils n'eurent point l'autorité de créer à leur gré un ordre de successions, et d'enlever ainsi la prérogative de ceux qui, dans chaque génération, devaient aussi être investis de la même magistrature.

L'esprit de fraude introduisit les substitutions : l'ambition se saisit de ce moyen, et l'a perpétué.

On avait réussi à éluder la loi pour avantager des personnes incapables de recevoir ; on essaya le même moyen pour opérer une transmission successive au profit même de ceux qui ne seraient point sous le coup des lois exclusives.

Ce ne fut que sous Auguste, dans le huitième siècle, depuis la fondation de Rome, que les fidéicommis, au profit de personnes capables, furent autorisés par les lois.

En France, on comptait dix coutumes, qui formaient environ le cinquième de son territoire, où la liberté de substituer avait été défendue ou au moins resserrée dans des bornes très-étroites.

Dans le reste de la France, les substitutions furent d'abord admises d'une manière aussi indéfinie que chez les Romains, qui n'avaient point mis de bornes à leur durée.

Il était impossible de concilier avec l'intérêt énéral de la société cette faculté d'établir un ordre de succession perpétuel et particulier à chaque famille, et même un ordre particulier à chaque propriété qui était l'objet des substitutions. L'ordonnance d'Orléans, de 1560, régla que celles qui seraient faites à l'avenir, ne pourraient excéder deux degrés ; mais ce remède n'a point fait cesser les maux qu'entraîne cette manière de disposer.

L'expérience a prouvé que, dans les familles opulentes, cette institution n'ayant pour but que d'enrichir l'un de ces membres en dépouillant les autres, était un germe toujours renaissant de discorde et de procès. Les parens nombreux qui étaient sacrifiés et que le besoin pressait, n'avaient de ressource que dans les contestations qu'ils élevaient, soit sur l'interprétation de la volonté, soit sur la composition du patrimoine, soit sur la part qu'ils pouvaient distraire des biens substitués, soit enfin sur l'omission ou l'irrégularité des formes exigées.

Chaque grevé de substitution n'étant qu'un simple usufruitier, avait un intérêt contraire à celui de toute amélioration ; ses efforts tendaient à multiplier et à anticiper les produits qu'il pourrait retirer des biens substitués, au préjudice de ceux qui seraient appelés après lui, et qui chercheraient à leur tour une indemnité dans de nouvelles dégradations.

Une très-grande masse de propriété se trouvait perpétuellement hors du commerce ; les lois qui avaient borné les substitutions à deux degrés n' vaient point paré à cet inconvénient ; celui qui, aux dépens de sa famille entière, avait joui de toutes les prérogatives attachées à un nom distingué et à un grand patrimoine, ne manquait pas de renouveler la même disposition ; et si, par le droit, chacune d'elles était limitée à un certain tems, elles devenaient, par le fait de leur renouvellement, des substitutions perpétuelles.

Ceux qui déjà étaient chargés des dépouilles de leurs familles, avaient la mauvaise foi d'abuser des substitutions pour dépouiller aussi leurs créanciers ; une grande dépense faisait présumer de grandes richesses ; le créancier qui n'était pas à portée de vérifier les titres de propriété de son débiteur, ou qui négligeait de faire cette perquisition, était victime de sa confiance ; et dans les familles auxquelles les substitutions conservaient les plus grandes masses de fortune, chaque génération était le plus souvent marquée par une honteuse faillite.

Les substitutions ne conservaient des biens dans une famille, qu'en sacrifiant tous ses membres pour réserver à un seul l'éclat de sa fortune ; une pareille répartition ne pouvait être établie qu'en étouffant tous les sentimens de cette affection, qui est la première base d'une juste transmission des biens entre les parens. Il ne saurait y avoir un plus grand vice dans l'organisation d'une famille, que celui de tenir dans le néant tous ses membres pour donner à un seul une grande existence ; de réduire ceux que la nature a faits égaux à implorer les secours et la bienfaisance du possesseur d'un patrimoine qui devrait être commun ; et rarement l'opulence, sur-tout lorsque son origine n'est pas pure, inspire des sentimens de bienfaisance et d'équité.

Enfin, si les substitutions peuvent être mises au nombre des institutions politiques, on y supplée d'une manière suffisante et propre à prévenir les abus, en donnant, pour disposer, toute la liberté compatible avec les devoirs de famille.

Ce sont tous ces motifs qui ont déterminé à confirmer l'abolition des substitutions, déjà prononcée par la loi d'octobre 1792.

Les règles sur la capacité de donner ou de recevoir par donation entre-vifs ou par testament, font la matière du premier chapitre.

Il résulte des principes déjà exposés sur le droit de propriété, que toute personne peut donner ou recevoir de l'une et de l'autre manière, à moins que la loi ne l'en déclare incapable.

La volonté de celui qui dispose doit être certaine.

Cette volonté ne peut même pas exister, s'il n'est pas sain d'esprit.

Il a suffi d'énoncer ainsi ce principe général, afin de laisser aux juges la plus grande liberté dans son application.

Celui qui dispose de sa fortune, doit aussi être parvenu à l'âge où il peut avoir la réflexion et les connaissances propres à le diriger.

La loi ne peut, à cet égard, être établie que sur des présomptions.

Il fallait choisir entre celle qui résulte de l'émancipation, et celle que l'on peut induire d'un nombre fixe d'années.

Plusieurs motifs s'opposaient à ce qu'on prît pour règle l'émancipation.

Les père et mère peuvent émanciper leur enfan lorsqu'il a quinze ans révolus. On leur a donné ce droit, en comptant que leur affection continuerait à guider l'enfant qui n'aurait pas encore, dans un âge aussi tendre, les connaissances suffisantes pour diriger sa conduite ; c'est aussi par ce motif que le mineur qui a perdu ses père et mère, ne peut être émancipé avant dix-huit ans.

Cependant la faculté de disposer doit être exercée par un acte de volonté propre et indépendante des père et mère ou des tuteurs. La volonté ne pouvait pas être présumée raisonnable, à l'égard de certains mineurs à quinze ans, à l'égard des autres à dix-huit seulement.

Cette volonté n'eût pas été indépendante, si les mineurs n'avaient pu l'exercer que dans le cas où ils auraient été émancipés, soit par leurs pères ou mères, soit à la demande de leurs parens. La crainte que le mineur ne fît des dispositions contraires à leurs intérêts, eût pu quelquefois être un obstacle à l'émancipation.

D'ailleurs, dans l'état actuel de la civilisation, mineur a reçu, avant l'âge de seize ans, une instruction suffisante pour être attaché à ses devoirs envers ses parens. La volonté du mineur parvenu à la seizième année, peut avoir acquis une maturité suffisante pour qu'il soit à cet égard le maître, non de la totalité de sa fortune, mais seulement de la moitié des biens dont la loi permet au majeur de disposer.

Cependant on a fait une distinction juste entre les donations entre-vifs et celles par testament. La présomption que la disposition faite par le mineur pour le tems où il n'existerait plus, serait raisonnable, ne pouvait s'appliquer aux donations entre-vifs, par lesquelles le mineur se dépouillerait irrévocablement de sa propriété. Cela serait contraire au principe, suivant lequel il ne peut faire, même à titre onéreux, l'aliénation de la moindre partie de ses biens. Dans les donations entre-vifs, la loi présume que le mineur serait la victime de ses passions. Dans les dispositions testamentaires, l'approche ou la perspective de la mort ne lui permettra plus de s'occuper que des devoirs de famille ou de reconnaissance.

Il ne suffit pas que la volonté soit certaine, il faut encore qu'elle n'ait pas été contrainte ou extorquée par l'empire qu'aurait eu, sur l'esprit du donateur, celui au profit duquel est la disposition.

Cet empire est tel de la part d'un tuteur sur son mineur, et les abus seraient à cet égard si multipliés, qu'il a été nécessaire d'interdire au mineur
émancipé,

émancipé, la faculté de disposer, même par testament, au profit de son tuteur.

On n'a pas voulu que les tuteurs pussent concevoir l'espérance qu'au moyen des dispositions qu'ils obtiendraient de leurs mineurs parvenus à la majorité, ils pourraient se dispenser du compte définitif de tutèle. Tous les droits de la minorité continuent, même au profit du majeur, contre celui qui a été son tuteur, jusqu'à ce que les comptes soient rendus et apurés; et l'expérience a prouvé qu'il était nécessaire d'interdire au mineur devenu majeur, la faculté de renoncer à ce compte. Cette règle serait facilement éludée; si des donations entre-vifs ou testamentaires acquittaient le tuteur, et rendaient ses comptes inutiles.

On a seulement excepté les pères et mères, ou autres ascendans; et, quoiqu'ils soient tuteurs, la piété filiale doit se présumer plutôt que la violence ou l'autorité.

La loi regarde encore comme ayant trop d'empire sur l'esprit de celui qui dispose et qui est atteint de la maladie dont il meurt, les médecins, les chirurgiens, les officiers de santé ou les pharmaciens qui le traitent. On n'a point cependant voulu que ce malade fût privé de la satisfaction de leur donner quelques témoignages de reconnaissance, eu égard à sa fortune et aux services qui lui auraient été rendus.

Il eût aussi été injuste d'interdire les dispositions, celles mêmes qui seraient universelles, faites

* *Code des Succcessions. An XI.*   K

dans ce cas, par un malade, au profit de ceux qui le traiteraient, et qui seraient ses parens. S'il y avait des héritiers en ligne directe, du nombre desquels ils ne seraient pas, la présomption, qui est la cause de leur incapacité, reprendrait toute sa force.

Ce serait en vain que la loi aurait, par ces motifs, déclaré les personnes qui viennent d'être désignées, incapables de recevoir, si on pouvait déguiser la donation entre-vifs sous le titre de contrat onéreux, ou si on pouvait disposer sous le nom de personnes interposées.

C'est à la prudence des juges, lorsque le voile qui cache la fraude est soulevé, à ne se déterminer que sur des preuves, ou au moins sur des présomptions assez fortes pour que les actes, dont la fraude s'est enveloppée, ne méritent plus aucune confiance. Si c'est un acte déguisé sous un titre onéreux, il doit être annullé, lorsqu'il est prouvé que celui qui l'a passé n'a pas voulu faire un contrat onéreux qui lui était permis, mais que son intention a été d'éluder la loi, en disposant au profit d'une personne incapable.

On a désigné les personnes que les juges pourront toujours regarder comme interposées : ce sont les père et mère, les descendans, et l'époux de la personne incapable.

La loi garde le silence sur le défaut de liberté qui peut résulter de la suggestion et de la captation, et sur le vice d'une volonté déterminée par la colère ou par la haine. Ceux qui ont entrepris de faire annuller des dispositions par de semblables motifs n'ont presque jamais réussi à trouver des preuves suffisantes pour faire rejeter des titres positifs; et peut-être vaudrait-il mieux, pour l'intérêt général, que cette source de procès ruineux et scandaleux fût tarie, en déclarant que ces causes de nullité ne seraient pas admises; mais alors la fraude et les passions auraient cru avoir dans la loi même un titre d'impunité. Les circonstances peuvent être telles que la volonté de celui qui a disposé n'ait pas été libre, ou qu'il ait été entièrement dominé par une passion injuste. C'est la sagesse des tribunaux qui pourra seule apprécier ces faits, et tenir la balance entre la foi due aux actes et l'intérêt des familles. Ils empêcheront qu'elles ne soient dépouillées par les gens avides qui subjuguent les mourans, ou par l'effet d'une haine que la raison et la nature condamnent.

On ne met pas au nombre des incapables de recevoir, les hospices, les pauvres d'une commune et les établissemens d'utilité publique. Il est, au contraire, à desirer que l'esprit de bienfaisance qui caractérise les Français, répare les pertes que ces établissemens ont faites pendant la révolution ; mais il faut que le gouvernement les autorise. Ces dispositions sont sujètes à des règles dont il doit maintenir l'exécution. Il doit connaître la nature et la quantité des biens qu'il met ainsi hors du commerce, il doit même empêcher qu'il n'y ait dans ces dispositions un excès condamnable.

K 2

Une dernière règle à rappeler sur la capacité de disposer, est celle qui établit la réciprocité entre les Français et les étrangers. On ne pourra disposer au profit d'un étranger, que dans le cas où un étranger pourrait disposer au profit d'un Français.

Après avoir établi ces principes préliminaires sur les caractères d'une volonté certaine et raisonnable, sans laquelle on est incapable de disposer, la loi pose les règles qui sont le principal objet de ce titre du code; règles qui doivent avoir une si grande influence sur les mœurs de la nation et sur l bonheur des familles. Elle fixe quelle sera la portion de biens disponible.

Il est sans doute à présumer que chacun, en suivant son affection, ferait de sa fortune la répartition la plus convenable au bonheur de sa famille et aux droits naturels de ses héritiers les plus proches, et que cette affection serait encore moins sujète à s'égarer dans le cœur de celui qui laisserait une postérité.

Mais lors même que la loi a cette confiance, elle doit prévoir qu'il est des abus inséparables de la faiblesse et des passions humaines, et qu'il est des devoirs dont elle ne peut, en aucun cas, autoriser la violation.

Les pères et mères qui ont donné l'existence naturelle ne doivent point avoir la liberté de faire arbitrairement perdre, sous un rapport aussi essentiel, l'existence civile; et, s'ils doivent rester libres dans l'exercice de leur droit de propriété, ils doivent aussi remplir les devoirs que la paternité leur a imposés envers leurs enfans et envers la société.

C'est pour faire connaître aux pères de famille, les bornes au-delà desquelles ils seraient présumés abuser de leur droit de propriété en manquant à leurs devoirs de pères et de citoyens que, dans tous les tems et chez presque tous les peuples policés, la loi a réservé aux enfans, sous le titre de légitime, une certaine quotité des biens de leurs ascendans.

Chez les Romains, le droit du digeste et du code, avait réduit au quart des biens, la légitime des enfans.

Elle fut augmentée par la 18e. Novelle qui la fixa au tiers, s'il y avait quatre enfans ou moins ; et à la moitié, s'ils étaient cinq ou plus.

On distinguait en France les pays de droit écrit et ceux de coutumes.

Dans presque tous les pays de droit écrit, la légitime en ligne directe et descendante était la même que celle établie par la Novelle.

Les coutumes étaient à cet égard distinguées en plusieurs classes.

Les unes adoptaient ou modifiaient les règles du droit écrit ;

D'autres, et de ce nombre, était la coutume de Paris, établissaient spécialement une légitime.

Quant aux coutumes où elle n'était pas fixée, l'usage ou la jurisprudence y avait admis les règles du droit romain ou celles de la coutume de Paris, à l'exception de quelques modifications que l'on trouve dans un petit nombre de ces coutumes.

Celle de Paris, a fixé la légitime à la moitié de la part que chaque enfant aurait eue dans la succession de ses père et mère et des autres ascendans, s'ils n'avaient fait aucune disposition entre-vifs ou testamentaire.

Pendant la révolution, la loi du 17 nivôse an II, (art. 16.) avait limité au dixième du bien la faculté de disposer, si on avait des héritiers en ligne directe.

La loi du 4 germinal an VIII, a rendu aux pères et mères une partie de leur ancienne liberté; elle a permis les libéralités qui n'excéderaient pas le quart des biens, s'ils laissaient moins de quatre enfans; le cinquième, s'ils en laissaient quatre; le sixième, s'ils étaient au nombre de cinq, et ainsi de suite.

En faisant le projet de loi qui vous est présenté, on avait à examiner les avantages et les inconvéniens de chacune de ces règles, afin de reconnaître celle qui serait fondée sur la combinaison la plus juste du droit de disposer et des devoirs de la paternité.

A Rome, il entrait dans le système du gouvernement d'un peuple guerrier que les chefs de famille eussent une autorité absolue, sans craindre que la nature en fût outragée. Lorsque sa civilisation se perfectionna, et que l'on voulut modifier

les mœurs antiques, il aurait été impossible de les
régler comme si c'eût été une institution nouvelle.
Non-seulement chaque père entendait jouir sans
restriction de son droit de propriété, mais encore
il avait été constitué le législateur de sa famille.
Mettre des bornes au droit de disposer, c'était dégrader cette magistrature suprême. Aussi, pendant
plus de douze siècles (1), la légitime des enfans,
quel que fût leur nombre, ne fut-elle pas portée
au-delà du quart des biens. Ce ne fut qu'au déclin
de ce grand empire que les enfans obtinrent à
ce titre le tiers des biens, s'ils étaient au nombre

---

(1) Comme cette computation pourrait paraître, et est, en
effet, différente de celle qui se trouve en note, page xj de
l'avant-propos de cet ouvrage, nous croyons devoir rappeler
au lecteur, que les monumens les plus anciens que nous con-
naissions de la législation romaine, étant les fragmens de la
loi des XII tab., et que cette loi ayant été rédigée par les
décemvirs, l'an 300 ou 301 de Rome, ce n'est que de cette
époque que l'on peut rigoureusement partir pour parler de l'état
de la législation chez les Romains.

D'un autre côté, la 2ᵉ. édition du code de Justinien, datant
de l'an 534, et les Novelles ayant été rédigées depuis cette publication jusqu'à la mort de Justinien, arrivée en 565, on ne
peut, ce nous semble, compter tout au plus que 980 ou 990 ans,
pendant lesquels la *légitime* des enfans, chez les Romains, n'a
pas été portée au-delà du quart des biens.

Le Conseiller d'État rapporteur a, comme on voit, fait
entrer dans ses calculs tout le tems écoulé entre l'époque de
la fondation de Rome et le règne de Justinien.

(*Note du rédact. du cod. des succ.*)

de quatre ou au-dessous, ce qui était le cas le plus ordinaire, et la moitié s'ils étaient en plus grand nombre.

Cette division avait l'inconvénient de donner des résultats incohérens.

S'il y avait quatre enfans, la légitime était d'un douzième pour chacun, tandis que s'il y en avait cinq, chaque part légitimaire était du dixième. Ainsi la part qui doit être plus grande quand il y a moins d'enfans, se trouvait plus petite. Ce renversement de l'ordre naturel n'était justifié par aucun motif.

La coutume de Paris a mis une balance égale entre le droit de propriété et les devoirs de famille. Les auteurs de cette loi ont pensé que les droits et les devoirs des pères et mères sont également sacrés, qu'ils sont également fondamentaux de l'ordre social, qu'ils forment entr'eux un équilibre parfait, et que si l'un ne doit pas l'emporter sur l'autre, le cours des libéralités doit s'arrêter, quand la moitié des biens est absorbée.

Le système de la loi parisienne est d'une exécution simple. On y trouve toujours une proportion juste dans le traitement des enfans, eu égard à leur nombre et à leur droit héréditaire.

Mais elle peut souvent donner des résultats contraires à ceux que l'on se propose.

On veut que chaque enfant ait une quotité de biens suffisante pour qu'il ne perde pas l'état dans lequel l'ont placé les auteurs de ses jours. On ne doit donc pas laisser la liberté de disposer d'une moitié, dans le cas où les enfans se trouveraient par leur nombre être réduits à une trop petite portion.

Le meilleur système est celui dans lequel on a égard au nombre des enfans, en même tems qu'on laisse aux pères et mères toute la liberté compatible avec la nécessité d'assurer le sort des enfans.

La législation romaine a eu égard à leur nombre, mais elle est susceptible de rectification dans les proportions qu'elle établit.

Ainsi lorsqu'elle donne au père le droit de disposer des deux tiers, si ses enfans ne sont pas au-dessus du nombre de quatre, elle n'a point fait entrer en considération que la liberté de celui qui n'est obligé de pourvoir qu'un seul enfant, ne doit pas être autant limitée que lorsqu'il en a plusieurs.

La liberté de disposer des deux tiers des biens, lors même que les enfans étaient au nombre de quatre, était trop considérable ; comme celle qui est donnée par la loi du 4 germinal an VIII, et qui ne comprend que le quart, s'il y a moins de quatre enfans, et une portion virile seulement, s'il y en a un plus grand nombre, est trop bornée.

La coutume de Paris était fondée sur un principe plus juste, lorsque, balançant le droit de la propriété et les devoirs de la paternité, elle avait établi que, dans aucun cas, il ne serait permis au père de disposer de plus de la moitié de ses biens.

C'était une raison décisive pour partir de ce point, en restreignant ensuite cette liberté dans la proportion qu'exigerait le nombre des enfans.

On n'a pas cru devoir admettre la graduation qui se trouve dans la loi du 4 germinal an VIII, et suivant laquelle la faculté donnée au père, et réduite à une portion virile, devient presque nulle, lorsqu'il a un grand nombre d'enfans.

Il faut, en effet, considérer que l'ordre conforme à la nature, est celui dans lequel les père et mère ne voudront disposer de leur propriété qu'au profit de leurs enfans, et pour réparer les inégalités naturelles ou accidentelles.

Lorsque le nombre des enfans est considérable, la loi doit réserver à chacun d'eux une quotité suffisante, sans trop diminuer dans la main du père, les moyens de fournir à des besoins particuliers, qui sont alors plus multipliés.

Ce sont toutes ces considérations qui ont déterminé à adopter la proportion dans laquelle les libéralités, soit par acte entre-vifs, soit par testament, ne pourront excéder la moitié des biens, s'il n'y a qu'un enfant légitime du défunt; le tiers, s'il en laisse deux; et le quart, s'il en laisse trois ou un plus grand nombre.

La loi devait-elle faire une réserve au profit des ascendans?

Les Romains reconnaissaient que si les pères doivent une légitime à leurs enfans, c'est un devoir dont les enfans sont également tenus envers leurs pères.

Quemadmodùm à patribus liberis , ità à liberis patribus deberi legitimam.

En France, d'après le systême de la division des biens en propres et acquêts , le sort des ascendans n'était pas le même dans les pays de coutume et dans ceux de droit écrit.

Un très-petit nombre de coutumes leur donnaient une légitime ; dans d'autres , elle leur avait été accordée par une jurisprudence, à laquelle avait succédé celle qui la refusait d'une manière absolue.

Les enfans étaient obligés de conserver à leurs collatéraux presque tous les biens propres dont ces ascendans étaient exclus.

Si on n'avait pas laissé à ces enfans la disposition des meubles et des acquêts, à la succession desquels les ascendans étaient appelés par la loi , ils eussent été presque entièrement privés de la liberté de disposer.

Dans les pays de droit écrit, et dans quelques coutumes qui s'y conformaient , les ascendans avaient une légitime. Elle consistait dans le tiers des biens. Le partage de ce tiers se faisait également entr'eux. Il n'y avait point de légitime pour les aïeuls, quand les père et mère ou l'un d'eux survivaient, parce qu'en ligne ascendante il n'y a point de représentation.

La comparaison du droit écrit avec celui des

coutumes, respectivement aux ascendans, ne pou-vait laisser aucun doute sur la préférence due au droit écrit.

Le droit coutumier, en donnant les propres aux collatéraux, et en laissant aux enfans la libre disposition des meubles et acquêts, ne prenait point assez en considération les devoirs et les droits qui résultent des rapports intimes entre les père et mère et leurs enfans.

Les devoirs des enfans ne sont pas, sous le rapport de l'ordre social, aussi étendus que ceux des pères et mères, parce que le sort des ascendans est plus indépendant de la portion des biens qui leur est assurée dans la fortune de leurs descendans, que l'état des enfans ne dépend de la part qu'ils obtiennent dans les biens de leurs pères et mères.

La réserve ne sera, par ce motif, que de moitié des biens, au profit des ascendans, et sans égard à leur nombre, lorsqu'il y en aura dans chacune des lignes paternelle ou maternelle.

S'il n'y a d'ascendant que dans l'une des lignes, cette réserve ne sera que du quart.

Déjà on a établi dans le titre des successions une règle que l'on doit regarder comme une des bases principales de tout le systéme de la transmission des biens par mort.

C'est leur division égale entre les deux lignes paternelle et maternelle, lorsque celui qui meurt ne laisse ni postérité, ni frères ni sœurs. Cette division remplira, sans inconvénient, le vœu géhéralement exprimé pour la conservation des biens dans les familles:

Le sort des ascendans n'était point assez dépendant d'une réserve légale, pour qu'on pût, en l'établissant, s'écarter d'une règle aussi essentielle; et puisque, suivant cette règle, les biens affectés à la ligne dans laquelle l'ascendant ne se trouve pas, lui sont absolument étrangers, la réserve ne peut pas porter sur la portion à laquelle il ne pourrait avoir aucun droit par succession.

Devait-on limiter la faculté de disposer en collatérale ? ou ne fallait-il pas au moins établir une réserve en faveur des frères et des sœurs ?

Toutes les voix se sont réunies pour que les collatéraux en général ne fussent point un obstacle à l'entière liberté de disposer.

Il en avait toujours été ainsi dans les pays de droit écrit.

Dans ceux des coutumes, les biens étaient distingués en propres et acquêts, et la majeure partie des propres était réservée aux collatéraux, sans que l'on pût en disposer gratuitement.

Ce système de la distinction des biens en propres et acquêts avait principalement pour objet de conserver les mêmes biens dans chaque famille.

On voulait maintenir et multiplier les rapports propres à entretenir, même entre les parens d'un degré éloigné, les sentimens de bienveillance et cette responsabilité morale qui suppléent si efficacement à la surveillance des lois. Resserrer et

multiplier les liens des familles , tel fut, et tel
sera toujours le ressort le plus utile dans toutes
les formes de gouvernement, et la plus sûre garantie du bonheur public Les auteurs du régime
des propres et des réserves pensaient que la transmission des mêmes biens, d'un parent à l'autre,
était un moyen de resserrer leurs liens, et que les
degrés par lesquels on tenait à un auteur commun semblaient se rapprocher, lorsque les parens
se rapprochaient réellement pour partager les
biens que ses travaux avaient le plus souvent mis
dans la famille, et qui en perpétuaient la prospérité.

La conservation des mêmes biens dans les familles, sous le nom de propres, a pu s'établir et
avoir de bons effets dans le tems où les ventes
des immeubles étaient très-rares, et où l'industrie
n'avait aucun ressort.

Mais depuis que la rapidité du mouvement com-
mercial s'est appliquée aux biens immobiliers
comme à tous les autres ; depuis que les propriétaires, habitués à dénaturer leurs biens, ont pu
facilement secouer le joug d'une loi qui les privait
de la faculté de disposer des propres ; il a été aussi
facile que fréquent de s'y soustraire. Elle est devenue impuissante pour atteindre à son but ; et lorsqu'elle eût dû être le lien des familles, elle les
troublait par des procès sans nombre.

Déjà la loi des propres avait été abolie pendant
la révolution ; on ne devait plus songer à la réta-

blir. C'est ainsi que certaines lois dépendent des mœurs et des usages existans au tems où elles s'établissent, et ne sont que transitoires.

C'est encore ainsi qu'il est facile d'expliquer pourquoi tout le régime des propres et acquêts, et de perpétuité des mêmes biens dans les familles, était inconnu aux Romains (1), et à ceux qui ont conservé leur législation.

---

(1) Montesquieu, depuis long-tems en possession de l'honneur de commander aux opinions, toutes les fois qu'il s'agit de saisir l'esprit des institutions chez les divers peuples, n'a pas pensé que le desir *de perpétuité des mêmes biens dans les familles* ait été inconnu aux Romains.

Il a dit formellement, au contraire, chap. uniq., liv. 27 :

« La loi de la division des terres demanda que les biens d'une » famille ne passassent pas dans une autre ; de là il suivit qu'il » n'y eut que deux ordres d'héritiers établis par la loi : les en- » fans, appelés *héritiers siens* .... et, à leur défaut, les plus » proches parens par mâles, qu'on appela *agnats*, etc. etc. »

Cependant, comme il était bien difficile de concilier cette opi- nion avec un fait matériel, l'existence de la faculté illimitée de tester, Montesquieu dit ailleurs :

« La permission indéfinie de tester, accordée chez les Romains, » ruina peu-à-peu la disposition politique sur le partage des » terres (*) ». Quoiqu'il affirme, contre l'autorité elle-même de Justinien, que les premiers testamens, à Rome, furent de véritables ventes.

(*) Il ne paraît pas du moins que ce partage eût été long-tems observé, puisque, l'an 268 de Rome, plus de 30 ans avant la création des décemvirs, le consul Cassius avait forcé le sénat à consentir au *partage des terres*. S'agissait-il seulement des terres conquises ? mais elles ne s'étendaient pas encore bien loin.

L'ordre public et l'intérêt des familles s'accordent pour que chacun soit maintenu dans le droit de propriété dont résulte la liberté de disposer, à

L'auteur de l'Esprit des Lois, toujours en dévelopant son idée, va plus loin encore, car ne trouvant pas la loi sur le partage des terres établie en Grèce, il n'hésite pas à l'attribuer à Romulus lui-même, ou à l'un de ses premiers successeurs, lui donnant ainsi une origine toute romaine.

Il n'est pas facile de se décider entre l'opinion de l'immortel président, et les faits qui la combattent. Cependant l'existence d'un premier cens est incontestable, celle du mode de succession rappelé par Montesquieu ne l'est pas moins ; mais ces deux faits s'éclipsent devant la loi des testamens, et ils ne s'appliquent plus alors qu'aux cas des successions *ab intestat*. Toutefois, comme les monumens réguliers de législation antérieurs à la loi des XII tab. nous manquent, il serait peut-être raisonnable de penser que l'habitude de conserver les mêmes biens dans les familles, se conserva durant les trois premiers siècles de Rome, et que lorsque la puissance de la république eût pris quelque consistance, lorsqu'enfin les décemvirs, avec les lumières puisées dans la Grèce, eurent rédigé la loi des XII tables, la première institution commença à s'affaiblir, et finit par s'anéantir tout-à-fait. — Nous n'avons hasardé nos doutes sur ce passage, que sous l'égide, pour ainsi dire, de l'auteur de l'Esprit des lois, et avec toute la circonspection que commandent les grandes connaissances du Conseiller d'État rapporteur.

Quant à l'existence du régime des *propres*, qui, dans le même empire (en France), s'est maintenu à côté d'une institution tout opposée, celle des testamens, jusqu'à la fin du XVIIIe siècle, si l'on en voulait chercher la cause, peut-être pourrait-on la découvrir dans les habitudes, l'antique isolement et les mœurs des hordes du Nord, transplantées en France dans les premiers siècles de l'ère vulgaire. On trouverait peut-être aussi que la

moins qu'il n'y ait des considérations assez puissantes et assez positives pour exiger à cet égard un sacrifice.

C'est ce sentiment d'une pleine liberté qui fait prendre à l'industrie tout son essor, et braver tous les périls. Celui-là croit ne travailler que pour soi et ne voit point de terme à ses jouissances, quand il est assuré que les produits de son travail ne seront transmis qu'à ceux qu'il déclarera être les objets de son affection : l'intérêt général des familles, dans un siècle où l'industrie met en mouvement le plus grand nombre des hommes, est bien différent de l'intérêt de ces familles casanières, au milieu desquelles les coutumes se formèrent il y a plusieurs siècles : il est évident que ce qui main-

---

peuple de Romulus, composé d'abord d'un amas de brigands, de barbares étrangers les uns aux autres, ne ressemblait pas mal aux peuples septentrionaux, après leurs premières émigrations ; l'on verrait que les mêmes idées, les mêmes institutions durent naître des mêmes besoins, de la même situation ; que le chef des guerriers dût partager, aux uns comme aux autres soldats, les premières terres dont ils s'emparèrent. La loi de la *perpétuité de jouissance* dans la suite des descendans d'un même homme, qui n'est que l'extension de la loi de *propriété*, est venue après celle-ci. Là ont aussi leur origine la féodalité et la servitude. L'abus est né du bien, comme cela arrive trop souvent. Alors se trouverait peut-être justifié, s'il a besoin de l'être, ce que l'on pourrait, au premier coup-d'œil, appeler le paradoxe de Montesquieu.

Mais n'oublions pas que ce n'est point ici le lieu d'une dissertation, et que cette note est déjà longue.

(Note du rédacteur du code des Succes.)

tenant leur importé le plus, est que les moyens de prospérité s'y multiplient; et lorsque, dans le cours naturel des affections, les parens les plus proches seront préférés, ils entendraient mal leurs intérêts s'ils les regardaient comme étant lésés par cette liberté dont ils doivent profiter.

Mais d'ailleurs, quel moyen pourrait-on trouver de s'opposer à cet exercice du droit de propriété? il n'est en ce genre aucune prohibition qui ne soit susceptible d'être éludée.

Lorsqu'il s'agit d'un droit aussi précieux, et qui est exercé depuis tant de siècles par la plus grande partie de la nation, la loi qui l'abolirait serait au nombre de celles qui ne pourraient long-tems résister à l'opinion publique. Nul ne se ferait le moindre scrupule de la violer : l'esprit de mensonge et de fraude dans les actes se propagerait : le règne de la loi cesserait, et la corruption continuerait ses progrès.

On respectera la réserve faite au profit des ascendans et des descendans, parce qu'elle a pour base, non-seulement les sentimens présumés, mais encore des devoirs si sacrés, que ce serait une sorte de délit de les enfreindre : ni ces sentimens, ni ces devoirs, ne peuvent être les mêmes pour les collatéraux; il n'y a vis-à-vis d'eux que des devoirs qui sont à-la-fois ceux du sang et de l'amitié.

La loi de réserve pour les collatéraux n'aurait pour objet que les parens qui se seraient exposés à l'oubli ou à l'animadversion, et par cela même ils ne sont pas favorables.

Enfin, les habitans des pays de droit écrit opposent aux usages introduits dans les pays de coutumes pendant quelques siècles, une expérience
qui remonte à l'antiquité la plus reculée.

Ils citent l'exemple toujours mémorable de ce
peuple qui, de tous ceux de la terre, est celui qui
a le plus étudié et perfectionné la législation civile.
Jamais il ne fut question d'y établir une légitime
en collatérale.

Enfin, ils donnent pour modèle cette harmonie
qui, dans les pays de droit écrit, rend les familles
si respectables : là, bien, plus fréquemment que
dans les pays de coutume, se présente le tableau
de ces races patriarcales, dans lesquelles ceux à
qui la providence a donné la fortune n'en jouissent
que pour le bonheur de tous, ceux qui se rendent
dignes par leurs sentimens, d'être admis dans le
sein de la famille.

C'est dans la maison de ce bienfaiteur que le
parent infortuné trouve des consolations et des
secours, qu'un autre y reçoit des encouragemens,
que l'on y économise des dots pour les filles. Quelle
énorme différence entre les avantages que les parens peuvent ainsi, pendant la vie du bienfaiteur,
retirer de ses libéralités entièrement indépendantes
de la loi, et le produit d'une modique réserve,
dont ils seraient même encore le plus souvent
frustrés !

On ne peut espérer, sur-tout en collatérale, de
créer ou de conserver cet esprit de famille, qui

tend à en soutenir tous les membres, à n'en former qu'un corps, à en rapprocher les degrés, qu'en provoquant la bienfaisance des parens entr'eux pendant qu'ils vivent. Le seul moyen de la provoquer, est de lui laisser son indépendance ; il est dans le cœur humain, que le sentiment de bienfaisance s'amortisse aussi-tôt qu'il s'y joint la moindre idée de contrainte : cette idée ne s'accorde plus avec cette noblesse, avec cette délicatesse, et cette pureté de sentimens qui animaient l'homme bienfaisant : il cesse de l'être parce qu'il ne croit plus pouvoir l'être : il n'a plus rien à donner à ceux qui ont le droit d'exiger.

Puisque la France est assez heureuse pour avoir conservé dans une grande partie de son territoire cet esprit de famille, nécessaire à la prospérité commune, gardons-nous de rejeter un aussi grand moyen de régénération des mœurs ; c'est un feu sacré qu'il faut entretenir où il existe, qu'il faut allumer dans les autres pays qui ont un aussi grand besoin de son influence, et qu'il peut seul vivifier.

Cependant, ne devait-on point faire une exception en faveur des frères et sœurs de celui qui meurt, ne laissant ni ascendans, ni postérité ?

Ne doit-on pas distinguer dans la famille ceux qui la constituent le plus intimement, ceux qui sont présumés avoir vécu sous le même toit, avoir été soumis à l'autorité du même père de famille, tenir de lui un patrimoine qu'il était dans son cœur de voir réparti entr'eux, et que le plus souvent ils doivent à ses économies et à ses travaux ?

Quel serait le frère qui pourrait regarder comme un sacrifice à sa liberté la réserve d'une quotité modique, telle que serait un quart de ses biens à ses frères et sœurs, en quelque nombre qu'ils fussent ?

Peut-il y avoir quelque avantage à lui attribuer le droit de transmettre tout son patrimoine à une famille étrangère, en nuisant à la sienne propre, autant qu'il est à son pouvoir, ou de préférer l'un de ses frères ou sœurs à tous les autres ? ce qui serait une cause éternelle de discorde, entre celui qui aurait la préférence et ceux qui se regarderaient comme déshérités.

Si on est forcé de convenir que le législateur doit employer tous ses efforts pour resserrer les liens de famille, doit-il laisser la liberté de les rompre entièrement à ceux que la nature avait autant rapprochés ?

Dans plusieurs autres parties du Code civil, les frères et sœurs sont, à cause des rapports intimes qui les unissent, mis dans une classe à part. Dans l'ordre des successions, on les fait concourir avec les ascendans. Les frères et sœurs auront, pour assurer à leurs neveux et nièces la portion de biens dont ils peuvent disposer, le même droit que les père et mère, à l'égard de leurs petits-enfans.

Enfin, il sera contraire aux usages reçus dans une grande partie de la France, depuis plusieurs siècles, qu'aucune quotité du patrimoine ne soit assurée même aux frères et sœurs.

Quelque puissans que paraissent ces motifs pour établir une réserve au profit des frères et sœurs, des considérations plus fortes s'y opposent et ont dû prévaloir.

Le guide le plus sûr des législateurs est l'expérience ; l'on n'a jamais admis ni à Rome, ni en France, dans les pays de droit écrit, de légitime en faveur des frères : le frère ne pouvait se plaindre de la disposition dans laquelle il avait été oublié, que dans un seul cas, celui où une personne mal famée, *turpis persona* ; avait été instituée héritière. La réclamation que le frère pouvait alors faire d'une portion des biens n'était, sous le nom de légitime, qu'une vengeance due à la famille qui avait éprouvé du testateur une aussi grande injure.

Cependant le tableau de l'amitié fraternelle n'a jamais été plus touchant que dans les pays où la liberté de disposer est entière.

Si, comme on l'a prouvé, celui qui ne doit éprouver aucune contrainte dans ses dispositions de dernière volonté, est beaucoup plus porté aux actes de bienfaisance pendant sa vie, c'est sur-tout entre frères que cette assistance mutuelle est vraisemblable, et qu'elle peut influer sur leur prospérité.

Plus la réserve que l'on croirait pouvoir faire au profit des frères et sœurs serait modique, et moins elle pourrait être d'une utilité réelle ; moins on doit la préférer aux grands avantages que l'on peut se promettre d'une pleine liberté de disposer.

Si on imposait en collatérale des devoirs rigoureux de famille, ce devrait être au profit des neveux dont les père et mère sont décédés. Ce sont ces neveux qui ont le plus besoin d'appui: c'est à leur égard que les oncles tiennent lieu d'ascendans; c'est aux soins et à l'autorité des oncles qu'est entièrement confié le sort de cette partie de la famille.

On ne pourrait donc pas se borner au seul degré de frères et de sœurs, si on voulait, en collatérale, établir une réserve légale; et cependant ceux-mêmes qui ont été d'avis de cette réserve, n'ont pas pensé qu'on pût l'étendre au-delà de ce degré, sans porter injustement atteinte au droit de propriété.

Il est, sans doute, dans le cours de la nature que les frères et sœurs soient unis par les liens intimes qu'ont formés une éducation et une naissance commune : mais l'ordre social, qui exige une réserve en ligne directe, n'est point également intéressé à ce qu'il y en ait au profit des frères et sœurs.

Le père a contracté, non-seulement envers ses enfans, mais encore envers la société, l'obligation de leur conserver des moyens d'existence proportionnés à sa fortune; ce devoir se trouve rempli à l'égard des frères ou sœurs, puisque chacun a sa portion des biens des père et mère communs.

Les enfans qui n'ont point de postérité ont,

envers ceux qui leur ont donné le jour, des devoirs à remplir, qui ne sauraient être exigés par des frères ou sœurs, les uns envers les autres.

C'est après avoir long-tems balancé tous ces motifs, pour et contre la réserve légale au profit des frères et sœurs, qu'il a été décidé de n'en établir qu'en ligne directe, et que toutes les fois que celui qui meurt ne laissera ni ascendans ni descendans les libéralités par actes entre-vifs pourront épuiser la totalité des biens.

Après avoir ainsi déterminé la quotité disponible, il fallait régler un point sur lequel il y a eu jusqu'ici diversité de législation ; il fallait décider si la quotité disponible pourrait être donnée en tout ou en partie, soit par actes entre-vifs, soit par testament, aux enfans ou autres héritiers de celui qui a disposé, sans que le donataire, venant à sa succession, fût obligé au rapport.

Chez les Romains, et dans les pays de droit écrit, il n'y a jamais eu de variation à cet égard ; toujours on a eu le droit de choisir, entre les héritiers, ceux que l'on voulait avantager, soit par l'institution d'héritier, soit autrement.

Les coutumes étaient, sur cette matière, très-différentes les unes des autres.

Les unes permettaient à un des enfans d'être en même tems donataire, légataire et héritier, et n'assuraient aux autres que leur légitime.

D'autres distinguaient la ligne directe d'avec la collatérale, et la qualité de donataire entre-vifs

d'avec

d'avec celle de légataire. Dans ces dernières coutumes, du nombre desquelles se trouve celle de Paris, la même personne ne pouvait être ni donataire, ni légataire, ni héritière en ligne directe : elle pouvait en collatérale être donataire et héritière, mais non légataire et héritière.

Dans d'autres, on ne pouvait être donataire et héritier, soit en ligne directe, soit en ligne collatérale.

D'autres portaient la défense absolue d'avantager l'héritier présomptif, et ordonnaient le rapport, tant en directe qu'en collatérale, même en renonçant.

Il n'y avait de système complet d'égalité entre les héritiers, que celui des coutumes qui les obligeaient au rapport des donations, lors même qu'ils renonçaient à la succession, et qui ne permettaient en leur faveur aucun legs.

Dans l'opinion exclusive de la faculté de faire des dispositions au profit des héritiers, on les regarde comme ayant un droit égal, et la loi se met entièrement à la place de la personne qui meurt, non pour contrarier sa volonté présumée, mais pour la remplir de la manière la plus juste.

Cependant quoique l'intention parût être de suivre la marche de la nature, combien ne s'en écartait-on pas?

Comment la nature aurait-elle donné des droits égaux à ceux qu'elle traite si diversement ? Où sont les familles dont tous les membres ont eu

(*) *Code des Successions. An XI.*   L

une part égale à la force physique, à l'intelligence, aux talens, dont aucun n'a, malgré la meilleure conduite, éprouvé de revers, dont aucun n'a été exposé à des infirmités, ou à d'autres malheurs de tous genres ?

Ce tableau de l'humanité, quelque affligeant qu'il soit, est malheureusement celui qui se réalise le plus souvent ; il faut l'avoir perdu de vue, quand on calcule froidement et arithmétiquement une division égale entre tous ceux qui ont des besoins si différens.

Leur droit naturel est d'obtenir, de celui à qui la providence a confié les biens, une part proportionnée aux besoins, et qui établisse entr'eux, autant qu'il est possible, la balance du bonheur. C'est en s'occupant sans cesse de maintenir cette balance, que le chef de famille se livre aux sentimens les plus équitables d'une affection égale envers tous ses héritiers. Mais, s'il lui est défendu par la loi de venir au secours de l'un, s'il ne peut encourager l'autre, s'il a les mains liées pour soulager les maux dont il est témoin, et pour faire cesser des inégalités affligeantes entre ceux qu'il voudrait rendre également heureux, c'est alors qu'il sent tout le poids de ses chaînes, c'est alors qu'il maudit l'erreur de la loi, qui s'est mise à sa place, pour ne remplir aucun de ses devoirs, et qui, se trompant sur le vœu de la nature, n'a établi ses présomptions que sur une égalité chimérique : c'est alors qu'il est affligé de sa nullité dans sa propre famille, où le sort de chacun a été réglé d'avance par l'interdiction prononcée contre lui, où il est dépouillé du principal moyen de faire respecter une autorité, dont le seul but est de rétablir ou de maintenir l'ordre, où il n'a ni la puissance de faire le bien, ni celle de prévenir le mal.

Peut-on mettre en comparaison tous ces inconvéniens avec celui qui paraît avoir fait le plus d'impression sur l'esprit des personnes qui voudraient interdire le droit de disposer au profit des héritiers présomptifs? Ils craignent la vanité des chefs de famille, qui, favorisés de la fortune, voudraient la transmettre à celui qu'ils choisiraient pour les représenter avec distinction, en sacrifiant les autres.

On n'a pas songé que le nombre des riches est infiniment petit, si on le compare à la masse presque générale de ceux qui vivant avec des facultés très-bornées, sont le plus exposés à toutes les inégalités et à tous les besoins.

On a perdu de vue le père de famille, qui, sous un humble toit, n'a pour patrimoine qu'un sol à peine suffisant pour la nourriture et l'éducation de sa famille. Déjà courbé sous le poids des années, il ne pourrait suffire à un travail devenu trop pénible, s'il n'employait les bras du plus âgé de ses enfans, aussi-tôt qu'ils ont quelque force. Cet enfant laborieux commence dès-lors à être l'appui de sa famille. C'est à la sueur de son front que ses frères devront les premiers secours avec lesquels ils apprendront des professions industrielles, et que ses sœurs devront les petits capitaux, fruit de l'économie, et qui leur auront procuré des établissemens utiles.

Croira-t-on que ce serait la vanité qui détermine ce père de famille à donner quelque récompense à celui de ses enfans qui s'est sacrifié pour le bonheur de tous, et à conserver dans ses mains, autant que la loi le lui permet, un héritage sur lequel une nouvelle famille ne pourrait s'élever et prospérer, s'il était divisé en trop petites portions ?

L'intention de ceux qui ont interdit les dispositions au profit des héritiers, est sans doute estimable, mais il est impossible de méconnaître leur erreur.

Déjà même la loi du 4 germinal an 8, autorisa les libéralités au profit des enfans ou autres successibles du disposant, sans qu'elles soient sujètes à rapport, pourvu qu'elles n'excèdent pas les bornes prescrites.

Cette règle a été maintenue.

Pour bien connaître la quotité disponible, et celle qui est réservée aux enfans ou aux ascendans, il était nécessaire, d'une part, de désigner les biens auxquels s'applique la faculté de disposer, et, de l'autre, de régler le mode de réduction qui doit avoir lieu, si les dispositions excèdent la quotité fixée.

La faculté de disposer ne se calcule pas seulement sur les biens qui restent, dans la succession, après les dettes payées, il faut ajouter à ces biens ceux que la personne décédée a donnés entre-vifs. On n'aurait pas mis de bornes fixes aux libéralités de disposer, si on n'avait pas eu égard à toute espèce de dispositions.

Il est sans doute du plus grand intérêt pour la société que les propriétés ne restent pas incertaines. C'est de leur stabilité que dépendent et la bonne culture et toutes ses améliorations.

Mais déjà il a été prouvé que la transmission d'une partie des biens aux héritiers en ligne directe est une des bases de l'ordre social. Les pères et mères et les enfans ont entr'eux des devoirs qui doivent être remplis de préférence à de simples libéralités ; l'accomplissement de ses devoirs est la condition tacite sous laquelle ces libéralités ont pu être faites ou acceptées ; et dans le cas même où les donations n'auraient pas, lorsqu'elles ont été faites, excédé la quotité disponible, les donataires ne seraient point par ce motif préférables à des héritiers directs, s'il s'agit pour les premiers d'un pur bénéfice, et pour les autres d'un patrimoine nécessaire La diminution survenue dans la fortune du donateur ne saurait même être présumée l'effet de sa malveillance envers le donataire.

Ce sont ces motifs qui ont fait regarder comme indispensable de faire comprendre, dans la masse des biens, sur lesquels se calcule la quotité réservée par la loi, ceux qui auraient été donnés entre-vifs.

On doit même y comprendre les biens dont la propriété aurait été transmise aux enfans, dans le cas du divorce ; il ne peut jamais en résulter pour eux un avantage tel que les autres enfans soient privés de la réserve légale.

Il ne doit être fait aucune déduction à raison du droit des enfans naturels ; ce droit n'est point acquis avant la mort, et c'est sous le titre de créance, une participation à la succession.

Les biens, sur lesquels les enfans ou les ascendans doivent prendre la portion que la loi leur réserve, étant ainsi déterminés, on avait à régler comment ces héritiers exerceront cette reprise, lorsque les biens, libres de dettes, et déduction faite des dons et des legs, ne suffiront pas pour remplir la quotité réservée.

Il est évident que ce retour sur les legs ou donations n'est admissible que de la part de ceux au profit desquels la loi a restreint la faculté de disposer proportionnellement au droit qu'ils auraient dans la succession.

Si maintenant on examine quelles sont, dans le cas d'insuffisance des biens libres de la succession, les dispositions qui doivent être en premier lieu annullées ou réduites, pour que la quotité réservée soit remplie, il ne peut y avoir de doute que la réduction ou l'annullation doit d'abord porter sur les legs.

Les biens légués font partie de la succession ; les héritiers, au profit desquels est faite la réserve, sont saisis par la loi, dès l'instant où cette succession est ouverte. Les legs ne doivent être payés qu'après l'acquit des dettes et des charges ; la quotité réservée par la loi est au nombre de ces charges.

Chaque légataire, ayant un même droit aux biens qui lui sont légués, l'équité veut que cette sorte de contribution soit faite entr'eux au marc le franc.

Si néanmoins le testateur avait déclaré qu'il entendait que certains legs fussent acquittés de préférence aux autres, les légataires ainsi préférés auraient un droit de plus que les autres, et la volonté du testateur ne serait pas exécutée, si les autres legs n'étaient pas entièrement épuisés pour remplir la réserve légale, avant qu'on pût réduire ou annuller les legs préférés. On exige seulement, pour prévenir toute contestation sur cette volonté du testateur, qu'elle soit déclarée en termes exprès.

Il restait à prévoir le cas où tous les biens de la succession, libres de dettes, et tous les biens légués, auraient été épuisés, sans que la réserve légale fût encore remplie.

Les donations entre-vifs doivent-elles alors, comme les legs, être réduites au marc le franc ?

On peut dire que, pour fixer la quotité réservée, on fait entrer, dans le calcul des biens qui y sont sujets, la valeur de tous ceux qui ont été donnés, sans égard aux diverses époques des donations, parce que chacune d'elles , et toutes ensemble , ont contribué à épuiser le patrimoine.

Mais il est plus conforme aux principes que les donations soient réduites, en commençant par la plus récente, et en remontant successivement aux plus anciennes.

En effet, on n'a pas, dans les premières donations , excédé la mesure prescrite , si les biens donnés postérieurement suffisent pour remplir la réserve légale. Si la réduction portait sur toutes les donations , le donateur aurait un moyen de révoquer en totalité, par de nouvelles donations , celles qu'il aurait d'abord faites.

D'ailleurs, lorsqu'il s'agit d'attaquer des propriétés qui remontent à des tems plus ou moins éloignés, l'ordre public est intéressé à ce que la plus ancienne propriété soit maintenue de préférence. C'est le fondement de cette maxime : *Qui prior est tempore, potior est jure.*

Ces principes, déjà consacrés par l'ordonnance de 1731 (art. XXXIV), ont été maintenus.

On a aussi conservé cette autre disposition de la même loi, suivant laquelle, lorsque la donation entre-vifs réductible a été faite à l'un des héritiers ayant une réserve légale , il peut retenir sur les biens donnés la valeur de la portion qui lui appartiendrait comme héritier dans les biens non disponibles, s'ils s'ont de la même nature. Dans ce cas, il était possible de maintenir ainsi la propriété de l'héritier donataire , sans causer de préjudice à ses co-héritiers.

La règle suivant laquelle doit se faire la réduction des donations les plus récentes, serait illusoire, si le donataire évincé pouvait se regarder comme subrogé, contre le donataire antérieur, dans les droits de celui qui l'a évincé.

D'ailleurs, la réduction est un privilége personnel, et dès-lors elle ne peut être l'objet d'une subrogation, soit tacite, soit même conventionnelle.

Quant aux créanciers de celui dont la succession s'ouvre, ils n'ont de droit que sur les biens qu'ils y trouvent ; ces biens doivent toujours, et nonobstant toute réserve légale, être épuisés pour leur paiement : mais ils ne peuvent avoir aucune prétention à des biens dont leur débiteur n'était plus propriétaire. Si les titres de leurs créances sont antérieurs à la donation, ils ont pu conserver leurs droits, en remplissant les formalités prescrites.

Si ces titres sont postérieurs, les biens qui dès-lors étaient par la donation hors des mains de leur débiteur, n'ont jamais pu être leur gage.

Il paraît contraire aux principes de morale que l'on puisse recueillir, même à titre de réserve, des biens provenant d'une personne dont toutes les dettes ne sont pas acquittées ; et la conséquence semble être que si le créancier ne peut pas, à cause du droit de propriété du donataire, avoir action contre lui, au moins doit-il exercer ses droits contre l'héritier sur les biens recouvrés par l'effet de la réduction.

L 3

Si on s'attachait à l'idée que celui qui a le droit de réduction ne doit pas avoir de recours contre les donataires, à moins que les biens dont ceux-ci auraient été évincés ne deviennent le gage des créanciers du défunt, il vaudrait autant donner à ces créanciers, contre les donataires une action directe, que de l'accorder aux héritiers pour que les créanciers en profitent; ou plutôt alors, comme il ne s'agirait réellement que de l'intérêt des créanciers, on ne devrait pas faire intervenir les héritiers pour dépouiller les donataires au profit des créanciers. Ceux - ci d'ailleurs pourraient-ils espérer que les héritiers se porteraient à exercer un pareil recours? Leur délicatesse ne serait-elle pas autant engagée à ne pas détruire le droit de propriété des donataires, qu'à payer les créanciers? Et si les héritiers manquaient de délicatesse, ne leur serait-il pas facile de traiter, à l'insu des créanciers, avec les donataires qui ne chercheraient qu'à se maintenir dans leur propriété?

L'action de l'héritier contre le donataire, et les biens donnés qui sont l'objet de ce recours, sont étrangers à la succession. Le titre auquel l'héritier exerce ce recours, remonte au tems même de la donation. Elle est présumée n'avoir été faite que sous la condition de ce retour à l'héritier dans le cas où la réserve ne serait pas remplie.

C'est en conséquence de cette condition primitive de retour, que l'héritier reprend les biens sans charge de dettes ou hypothèques créées par le donataire. C'est par le même motif que l'action en réduction ou revendication peut être exercée par l'héritier contre les tiers détenteurs des immeubles faisant partie de la donation et aliénés par le donataire, de la même manière et dans le même ordre que contre le donataire lui-même.

Il faut donc considérer l'héritier qui évince un donataire entre-vifs, comme s'il eût recueilli les biens au tems même de la donation.

S'il fallait admettre d'une manière absolue qu'un héritier ne peut recueillir, à titre gratuit, des biens de celui qui a des créanciers, sans en faire l'emploi au paiement des dettes, il faudrait dire que toutes donations entre-vifs sont susceptibles d'être révoquées, pour des dettes que le donateur aurait depuis contractées. C'est ce qui n'a été admis dans aucune législation. Il est sans doute à regretter que des idées morales se trouvent ici en opposition avec des principes qu'il serait bien plus dangereux de violer : ce sont ceux sur le droit de propriété non-seulement de l'enfant ou de l'ascendant, mais encore des autres intéressés. En voulant perfectionner la morale sous un rapport, on en ferait naître la corruption sous plusieurs autres.

Après avoir ainsi réglé les qualités requises pour donner et recevoir, après avoir fixé la quotité disponible, et avoir indiqué le mode à suivre pour les réductions, la loi s'occupe plus particulièrement, d'abord des donations entre-vifs, et ensuite des testamens. Elle prescrit les formes de chacun de ce actes ; elle établit les principes sur leur nature et sur leurs effets.

C'est ici que tous les regards se fixent sur ces lois célèbres qui contribueront à rendre immortelle la mémoire du chancelier d'Aguesseau. Les ordonnances sur les donations et sur les testamens, ont été, comme le nouveau code, le fruit de longues méditations. Elles n'ont également été adoptées qu'après avoir consulté le vœu de la nation par le seul moyen qui fût alors possible, celui de prendre l'avis des magistrats et des jurisconsultes Les rédacteurs du code ont eu recours aux dispositions de ces lois, avec le respect qu'inspirent leur profonde sagesse et le succès dont elles ont été couronnées.

Dans les donations entre-vifs, on distingue les formalités à observer dans les actes qui les contiennent, et celles que l'on peut nommer extérieures.

Les formalités à observer dans ces actes, ont un double objet, celui de les constater, et celui d'en fixer la nature.

On n'admet, comme légalement constatés, les actes portant donations entre-vifs, que quand ils sont passés devant notaires, dans la forme ordinaire des contrats.

La minute doit rester entre les mains du notaire ; elle ne doit être délivrée ni au donateur, ni au donataire. La donation entre-vifs est un acte par lequel celui qui l'accepte, s'engage à en remplir les conditions. Il ne doit être au pouvoir, ni de l'une, ni de l'autre des parties, de l'anéantir, en supprimant l'acte qui en contient la preuve.

C'est encore parce que toute donation entre-vifs est considérée comme un engagement réciproque, qu'il est indispensable que les deux parties y interviennent, celle qui donne, et celle qui accepte. Cela est conforme au droit romain, qui ne regardait point comme encore existante une libéralité, lorsque celui pour qui elle était destinée l'ignorait, ou n'y avait pas consenti.

L'acceptation étant une condition essentielle de toute donation, on a dû exiger qu'elle fût en termes exprès Il résultera, sans qu'il ait été besoin d'en faire une disposition, que les juges ne pourront avoir aucun égard aux circonstances dont on prétendrait induire une acceptation tacite et sans qu'on puisse la présumer, lors même que le donataire aurait été présent à l'acte de donation et qu'il aurait signé: ou quand il serait entré en possession des choses données.

Il était seulement une facilité qui n'avait rien de contraire à ces principes, et qu'on ne pouvait refuser sans mettre le plus souvent un obstacle insurmontable à la faculté de disposer. C'est surtout au milieu des mouvemens de commerce, et lorsque les voyages sont devenus si communs, que les parens les plus proches et les amis les plus intimes, sont exposés à vivre dans un grand éloignement.

On a voulu prévenir cet inconvénient, en permettant l'acceptation par un acte postérieur, ou par une personne fondée de procuration du donataire, en regardant cette procuration comme suffisante, soit qu'elle porte le pouvoir d'accepter la donation faite, soit qu'elle continue un pouvoir général d'accepter les donations qui auraient été ou qui pourraient être faites.

De longues controverses avaient eu lieu entre les auteurs, sur le point de savoir si le donateur doit avoir la liberté de révoquer la donation qui n'est encore acceptée.

Les uns soutenaient que, si on ne fixe point au donataire un délai dans lequel il ne soit plus admis à l'acceptation, le donateur ne peut point lui ôter cette faculté en revenant contre son propre fait.

Les autres pensaient que, jusqu'à l'acceptation, l'acte est imparfait, et ne saurait lier le donateur.

Cette dernière opinion est la plus juste; elle avait été confirmée par l'ordonnance de 1731, et elle est maintenue.

Quoiqu'une donation soit toujours, indépendamment des conditions qui peuvent y être mises, regardée comme un avantage au profit du donataire, il suffit cependant que ce soit de la part de ce dernier un engagement, pour que la capacité de contracter, ou les formalités qui y suppléent, soient exigées.

Si le donataire est majeur, l'acceptation doit

être faite par lui, ou en son nom, par la personne fondée de sa procuration.

S'il est mineur non émancipé, ou s'il est interdit, elle sera faite par son tuteur, conformément à ce qui est prescrit, au titre *de la minorité*.

Si le mineur est émancipé, son curateur l'assistera.

On a même voulu éviter, que pour des actes toujours présumés avantageux, les mineurs fussent victimes des intérêts personnels ou de la négligence de ceux que la loi charge d'accepter. Les liens du sang et de l'affection ont été considérés comme étant à cet égard, un mandat suffisant; et sans porter atteinte, soit à la puissance paternelle, soit à l'administration des tuteurs, tous les ascendans de l'un et de l'autre sexe, et à quelque degré qu'ils soient, auront le pouvoir d'accepter pour leurs descendans, même du vivant des père et mère, et quoiqu'ils ne soient ni tuteurs, ni curateurs du mineur, sans qu'il soit besoin d'aucun avis de parens.

Les bonnes mœurs et l'autorité du mari ont toujours exigé que la femme mariée ne pût accepter une donation, sans le consentement de son mari ; ou, en cas de refus de son mari, sans autorisation de la justice. En imposant cette condition aux femmes mariées en général, on n'admet d'exception ni pour celles qui ne seraient point en communauté avec leurs maris, ni pour celles qui en seraient séparées par jugement.

Depuis que, par les heureux efforts de la bien-faisance et du génie, les sourds et muets ont été rendus à la société, ils sont devenus capables d'en remplir les devoirs et d'en exercer les droits. Le sourd et muet qui saura, par l'écriture, manifester sa volonté, pourra lui-même, ou par une personne ayant sa procuration, accepter une donation. S'il ne sait pas écrire, l'acceptation devra être faite en son nom par un curateur qui lui sera nommé pour remplir cette formalité.

Quant aux donations qui seront faites aux hospices, aux pauvres des communes, ou aux établissemens d'utilité publique, elles seront acceptées par leurs administrateurs, lorsque le gouvernement, qui veille aux droits des familles comme à l'intérêt des pauvres, les y aura autorisés.

Après avoir ainsi prescrit les formalités de l'acte même de donation, la loi règle celles qui sont extérieures.

Plusieurs dispositions de l'ordonnance de 1731, sont relatives à la tradition de fait des biens donnés. Cette formalité avait été établie dans plusieurs coutumes, mais elle n'était point en usage dans les pays de droit écrit; elle n'ajoute rien ni à la certitude, ni à l'irrévocabilité des donations entre-vifs. La règle du droit romain, qui regarde les donations comme de simples pactes, est préférable; elle écarte des difficultés nombreuses et sans objet. La donation dûment acceptée sera parfaite par le seul consentement des parties, et la propriété des objets donnés sera transférée au donataire sans qu'il soit besoin d'autre tradition.

Une autre formalité extrinsèque avait été introduite par le droit romain : c'est celle connue sous le nom *d'insinuation*. On avait ainsi rendu publiques les donations pour éviter les fraudes, soit par la supposition de pareils actes, sur-tout entre les proches parens, soit par la facilité de tromper des créanciers qui ignoreraient ces aliénations.

En France, la formalité de l'insinuation a été admise et ordonnée par une longue suite de lois; elles n'ont point applani toutes les difficultés que leur exécution a fait naître. L'ordonnance de 1731 avait levé plusieurs doutes sur l'application de la peine de nullité des donations pour lesquelles cette formalité n'avait pas été exécutée, sur la nécessité de la remplir dans les divers lieux du domicile et de la situation des biens, sur le mode d'insinuation, sur les délais prescrits, et sur les effets de l'inexécution dans ces délais. Des lois interprétatives de l'ordonnance de 1731, ont encore été nécessaires; et une simple formalité d'enregistrement était devenue la matière d'un recueil volumineux de lois compliquées.

Toute cette législation relative à la publicité des actes de donations entre-vifs est devenue inutile depuis que, par la loi qui s'exécute maintenant dans toute la France, non-seulement ces actes, mais encore toutes les autres aliénations d'immeubles doivent être rendus publics par la transcription sur des registres ouverts à quiconque veut les consulter. L'objet de toutes les lois sur les insinuations sera donc entièrement rempli, en ordonnant que, lorsqu'il y aura donations de biens susceptibles d'hypothèques, la transcription des actes contenant la donation, devra être faite aux bureaux des hypotèques, dans l'arrondissement desquels les biens seront situés.

Quant aux meubles qui seraient l'objet des donations, ils ne sauraient être mis au nombre des gages que les créanciers puissent suivre; il n'est aucun des différens actes par lesquels on peut aliéner des meubles, qui soit assujéti à de semblables formalités.

L'insinuation se faisait, non-seulement au lieu de la situation des biens, mais encore à celui du domicile: cette dernière formalité n'ayant point été jugée nécessaire dans le systême général de la conservation des droits des créanciers, il n'y avait pas de motifs particuliers pour l'employer dans le cas de la transmission des biens par donations entre-vifs; on peut s'en reposer sur l'activité de ceux qui auront intérêt de connaître le gage de leurs créances ou de leurs droits. Quant aux héritiers, l'inventaire leur fera connaître, par les titres de propriété, quels sont les biens; et dans l'état actuel des choses, il n'est aucun héritier qui ayant le moindre doute sur le bon état d'une succession, ne commence par vérifier sur les registres du lieu de la situation des biens, quelles sont les aliénations.

Les personnes qui sont chargées de faire faire la transcription, et qui par ce motif ne pourront opposer le défaut de cette formalité, sont les maris, lorsque les biens auront été donnés à leurs femmes ; les tuteurs ou curateurs, quand les donations auront été faites à des mineurs ou à des interdits ; les administrateurs, quand elles auront été faites à des établissemens publics.

Les femmes ont dû, pour la conservation de leurs droits, être autorisées par la loi à faire procéder, seules, à la formalité de l'inscription, quand elle n'aura pas été remplie par les maris.

La question de savoir si les mineurs et ceux qui jouissent du même privilége peuvent être restitués contre le défaut d'insinuation des donations entre-vifs, n'était clairement décidée par le droit romain, ni par les anciennes ordonnances. Il y avait, à cet égard, une diversité de jurisprudence, et l'ordonnance de 1731, conformément à une déclaration du 19 janvier 1712, avait prononcé que la restitution n'aurait pas lieu, lors même que les tuteurs ou autres administrateurs seraient insolvables.

Cette règle a été confirmée : elle est fondée sur le principe que si les mineurs ont des priviléges pour la conservation de leur patrimoine, et pour qu'ils ne soient pas surpris par les embûches tendues à la fragilité de leur âge, ils ne doivent pas être dispensés du droit commun, lorsqu'il s'agit seulement de rendre, par des donations, leur condition meilleure.

On a examiné la question de savoir si les donations entre-vifs, qui n'auraient point été acceptées pendant la vie du donateur, et qu'il n'aurait pas révoquées, peuvent valoir comme dispositions testamentaires.

On peut dire que la volonté de donner est consignée dans l'acte de donation; que, si le donataire n'a été, par aucune révocation, dépouillé du droit d'accepter, le donateur est mort sans avoir varié dans son intention de lui faire une libéralité; que la volonté de l'homme qui se renferme dans les bornes légales doit être respectée.

Mais cette opinion n'est pas admissible lorsque, par les testamens, la loi exige une plus grande solennité que pour les donations entre-vifs. Le donateur, par acte entre-vifs, ne peut dès-lors être présumé avoir entendu faire une disposition testamentaire, pour laquelle cet acte serait insuffisant; et, dans aucun cas, il ne doit lui être permis de se dispenser ainsi de remplir les formalités prescrites pour les testamens.

Il n'existe point de donation entre-vifs, à moins que le donateur ne se dépouille, actuellement et irrévocablement, de la chose donnée, en faveur du donataire qui l'accepte. De là ces maximes, que *donner et retenir ne vaut*, et que *c'est donner et retenir*, quand *le donateur s'est réservé la puissance de disposer librement de la chose donnée.*

On eu fait l'application, en déclarant que la donation entre-vifs ne peut comprendre que les biens présens du donateur.

On avait, dans l'ordonnance de 1731, déclaré nulle, même pour les biens présens, la donation qui comprenait les biens présens et à venir, parce qu'on regardait ces dispositions comme indivisibles, à moins que l'intention contraire du donateur ne fût reconnue.

Il est plus naturel de présumer que le donateur de biens présens et à venir n'a point eu intention de disposer d'une manière indivisible ; la donation ne sera nulle qu'à l'égard des biens à venir.

Les conséquences des maximes précédemment énoncées, sont encore que toute donation entre-vifs, faite sous des conditions dont l'exécution dépend de la seule volonté du donateur, est nulle ; qu'elle est également nulle, si elle a été faite sous la condition d'acquitter d'autres dettes ou charges que celles qui existaient à l'époque de la donation, ou qui étaient exprimées dans les actes ; que si le donateur n'a pas usé de la faculté de disposer qu'il s'était réservée à l'égard d'une partie des objets compris dans la donation, ces objets n'appartiendront point au donataire, et que toute donation d'effets mobiliers doit être rendue certaine, par un état estimatif annexé à la minute de la donation.

La réserve d'usufruit et le retour au profit du donateur, n'ont rien de contraire à ces principes.

Il n'y a d'exception à l'irrévocabilité, que dans les cas où le donateur aurait manqué à des conditions formellement exprimées, ou que la loi présume avoir été dans l'intention du donateur.

La révocation pour cause d'inexécution des conditions exprimées, est commune à toutes les conventions. Mais il est deux autres conditions que la loi a présumées : la première, que le donataire ne se rendrait pas coupable d'actes d'ingratitude, tels que si le donateur avait pu les prévoir, il n'eût point fait la donation ; et la seconde, qu'il ne lui surviendrait point d'enfans.

On a déterminé les cas dans lesquels les donations pourront être révoquées pour cause d'ingratitude : ce sera lorsque le donataire aura attenté à la vie du donateur, lorsqu'il se sera rendu coupable envers lui de sévices, délits ou injures graves, lorsqu'il lui aura refusé des alimens.

Les donations en faveur de mariage sont exceptées, parce qu'elles ont aussi pour objet les enfans à naître, et qu'ils ne doivent pas être victimes de l'ingratitude du donataire.

Quant à la révocation par survenance d'enfans, on la trouve établie dans le droit romain par une loi célèbre (*Si unquam, cod. De Revoc. donat.*) Elle est fondée sur ce qu'il est à présumer que le donateur n'a point voulu préférer des étrangers à ses propres enfans.

En vain oppose-t-on à un motif aussi puissant, qu'il en résulte une grande incertitude dans les propriétés, que les enfans peuvent ne survenir qu'un grand nombre d'années après la donation, que celui qui donne est présumé avoir mesuré ses libéralités sur la possibilité où il était d'avoir des enfans, que des mariages ont pu être contractés en considération de ces libéralités.

Ces considérations ne sauraient l'emporter sur la loi naturelle, qui subordonne toutes les affections à celles qu'un père a pour ses enfans.

Il n'est point à présumer qu'il ait entendu, en donnant, violer des devoirs de tout tems contractés envers les descendans qu'il pourrait avoir, et envers la société. Si une volonté pareille pouvait être présumée, l'ordre public s'opposerait à ce qu'elle fût accueillie. Ce sont des principes que le donataire ne saurait méconnaître. Il n'a donc pu recevoir que sous la condition de la préférence due aux enfans qui naîtraient.

La règle de la révocation des donations par survenance d'enfans a été maintenue, telle que dans l'ordonnance de 1731 : on la trouve expliquée et dégagée des difficultés qu'elle avait fait naître.

Les règles particulières aux donations entre-vifs sont suivies de celles qui concernent spécialement la forme et l'exécution des dispositions testamentaires.

L'institution d'héritier était dans les pays de droit écrit l'objet principal des testamens. Dans l'autre partie de la France, la loi seule faisait l'héritier, l'institution n'y était permise qu'en considération des mariages.

Plusieurs coutumes n'avaient même pas admis cette exception.

Elles avaient toutes réservé aux parens, les unes, sous le titre de propres, et les autres, sous ce titre et même sous celui d'acquêts ou de meubles, une partie des biens. Cet ordre n'était point en harmonie avec celui des affections naturelles. Il eût donc été inutile et même contraire au maintien de la loi d'admettre pour l'institution d'héritier la volonté de l'homme qui eût toujours cherché à faire prévaloir le vœu de la nature.

Ces différences entre les pays de droit écrit et ceux de coutumes doivent disparaître lorsqu'une loi commune à toute la France donne, sans aucune distinction de biens, la même liberté de disposer. L'institution d'héritier y sera également permise.

Le plus grand défaut que la législation, sur les testamens, ait eu chez les Romains, et depuis en France, a été celui d'être trop compliquée. On a cherché les moyens de la simplifier.

On a donc commencé par écarter toute difficulté sur le titre donné à la disposition. Le testament vaudra, sous quelque titre qu'il ait été fait, soit sous celui d'institution d'héritier, soit sous le titre de legs universel ou particulier, soit sous toute autre dénomination propre à manifester la volonté.

On a seulement maintenu et expliqué une règle établie par l'ordonnance de 1735 (*art.* 77.) Un testament ne pourra être fait conjointement et dans le même acte, par deux ou plusieurs personnes,

sonnes, soit au profit d'un tiers, soit à titre de donation réciproque et mutuelle. Il fallait éviter de faire renaître la diversité de jurisprudence qui avait eu lieu sur la question de savoir si, après le décès de l'un des testateurs, le testament pouvait être révoqué par le survivant. Permettre de le révoquer, c'est violer la foi de la réciprocité : le déclarer irrévocable, c'est changer la nature du testament, qui, dans ce cas, n'est plus réellement un acte de dernière volonté. Il fallait interdire une forme incompatible, soit avec la bonne foi, soit avec la nature des testamens.

Au surplus, on a choisi dans le droit romain et dans les coutumes les formes d'actes qui ont à-la-fois paru les plus simples et les plus sûres.

Elles seront au nombre de trois : *le testament olographe,* celui fait par acte public, et *le testament mystique.*

Ainsi les autres formes de testamens, et à plus forte raison les dispositions qui seraient faites verbalement, par signes ou par lettres missives, ne seront point admises.

Le testament olographe, ou sous signature privée, doit être écrit en entier, daté et signé de la main du testateur.

Cette forme de testament n'était admise dans les pays de droit écrit qu'en faveur des enfans. Au milieu de toutes les solennités dont les Romains environnaient leurs testamens, un écrit privé ne leur paraissait pas mériter assez de confiance; et

* *Code des Successions. An XI.*   M

s'ils avaient, par respect pour la volonté des pères, soumis leurs descendans à l'exécuter lorsqu'elle serait ainsi manifestée, ils avaient même encore exigé la présence de deux témoins.

Devait-on rejeter entièrement les testamens olographes? Cette forme est la plus commode, et l'expérience n'a point appris qu'il en ait résulté des abus qui puissent déterminer à la faire supprimer.

Il valait donc mieux rendre cette manière de disposer par testament commune à toute la France.

On a seulement pris une précaution pour que l'état de ces actes soit constaté.

Tout testament olographe doit, avant qu'on l'exécute, être présenté au juge désigné, qui dressera un procès-verbal de l'état où il se trouvera, et en ordonnera le dépôt chez un notaire.

Quant aux testamens par actes publics, on a pris un terme moyen entre les solennités prescrites par le droit écrit, et celles usitées dans les pays de coutumes.

Il suffisait dans ce pays qu'il y eût deux notaires, ou un notaire et deux témoins; on avait même attribué, dans plusieurs coutumes, ces fonctions à d'autres personnes publiques ou à des ministres du culte.

Dans les pays de droit écrit, *les testamens nun-cupatifs* écrits devaient être faits en présence de sept témoins au moins, y compris le notaire.

La liberté de disposer ayant été en général beaucoup augmentée dans les pays de coutumes, il était convenable d'ajouter aux précautions prises pour constater la volonté des testateurs; mais en exigeant un nombre de témoins plus considérable qui est nécessaire pour atteindre ce but, on eût assujéti ceux qui disposent à une grande géne, et peut-être les eût-on exposés à se trouver souvent dans l'impossibilité de faire ainsi dresser leurs testamens.

Ces motifs ont déterminé à régler que le testament par acte public sera reçu par deux notaires, en présence de deux témoins, ou par un notaire, en présence de quatre témoins.

L'usage des *testamens mystiques* ou secrets, était inconnu dans les pays de coutumes ; c'était une institution à propager en faveur de ceux qui ne savent pas écrire, ou qui, par des motifs souvent plausibles, ne veulent ni faire leur testament par écrit privé, ni confier le secret de leurs dispositions. Elle devenait encore plus nécessaire, quand pour les testamens par acte public on exige, dans tous les cas, la présence de deux témoins, et qu'il doit même s'en trouver quatre s'il n'y a qu'un notaire.

Mais en admettant la forme des testamens mystiques, on ne pouvait négliger aucune des formalités requises dans les pays de droit écrit.

On doit craindre dans ces actes les substitutions de personnes ou de pièces : il faut que les formalités soient telles, que les manœuvres les plus subtiles de la cupidité soient déjouées ; et c'est sur-tout le nombre des témoins qui peut garantir que tous ne sauraient entrer dans un complot criminel. On a donc cru devoir adopter les formalités des testamens mystiques ou secrets , telles qu'on les trouve énoncées dans l'ordonnance de 1735.

On a voulu rendre uniformes les formalités relatives à l'ouverture des testamens mystiques. Leur présentation au juge , leur ouverture , leur dépôt , seront faits de la même manière que pour les testamens olographes On exige de plus que les notaires et les témoins, par qui l'acte de suscrip-tion aura été signé , et qui se trouveront sur les lieux , soient présens ou appelés.

Telles seront en général les formalités des tes-tamens. Mais il est possible que le service militaire, que des maladies contagieuses , ou des voyages maritimes , mettent les testateurs dans l'impossi-bilité d'exécuter à cet égard la loi ; cependant, c'est dans ces circonstances où la vie est souvent exposée, qu'il devient plus pressant et plus utile de manifester ses dernières volontés. La loi serait donc incomplète si elle privait une partie nom-breuse des citoyens , et ceux sur-tout qui ne sont loin de leurs foyers que pour le service de la patrie, d'un droit naturel et aussi précieux que celui de disposer par testament.

Aussi, dans toutes les législations, a-t-on prescrit, pour ces différens cas des formes particulières, qui donnent autant de sûreté que le permet la possibilité d'exécution ; celles qui déjà ont été établies par l'ordonnance de 1735, ont été maintenues avec quelques modifications qui n'exigent pas un examen particulier.

Après avoir prescrit les formalités des testamens, on avait à régler quels seraient leurs effets, et comment ils seraient exécutés.

Il n'y aura plus à cet égard aucune diversité.

L'héritier institué et le légataire universel auront les mêmes droits, et seront sujets aux mêmes charges.

Dans les coutumes où l'institution d'héritier était absolument défendue, ou n'était admise que dans les contrats de mariage, il n'y avait de titre d'héritier que dans la loi même, ce qu'on exprimait par ces mots : *la mort saisit le vif.* Les légataires universels étaient tenus, lors même qu'ils recueillaient tous les biens , d'en demander la délivrance.

Dans les pays de droit écrit, presque tous les héritiers avaient leur titre dans un testament ; ils étaient saisis de plein droit de la succession, lors même qu'il y avait des légitimaires.

On peut dire, pour le système du droit écrit , que l'institution d'héritier étant autorisée par la loi, celui qui est institué par un testament, a son titre dans la loi même, comme celui qui est appelé directement par elle ; que dès-lors qu'il existe un héritier par l'institution, il est sans objet, et même contradictoire, qu'il y ait un parent ayant cette qualité sans aucun avantage à en tirer ; que le testament, revêtu des formes suffisantes, est un titre qui ne doit pas moins que les autres avoir son exécution provisoire ; que la demande en délivrance et la main mise par le parent qui est dépouillé de la qualité d'héritier, ne peuvent qu'occasionner des frais et des contestations que l'on doit éviter.

Ceux qui prétendent que l'ancien usage des pays de coutumes est préférable, lors même que la faculté d'instituer les héritiers y est admise, regardent le principe, suivant lequel le parent appelé par la loi à la succession, doit toujours être réputé saisi à l'instant de la mort, comme la sauvegarde des familles. Le testament ne doit avoir d'effet qu'après la mort ; et, en le produisant, le titre du parent appelé par la loi est certain : l'autre peut n'être pas valable, et il est au moins toujours susceptible d'examen. Le tems de produire un testament, pendant que se remplissent les premières formalités pour constater l'état d'une succession, n'est jamais assez long pour que la saisie du parent appelé par la loi, puisse être préjudiciable à l'héritier institué.

Ni l'une ni l'autre de ces deux opinions n'a été entièrement adoptée : on a pris dans chacune d'elles ce qui a paru le plus propre à concilier les droits de ceux que la loi appèle à la succession, et de ceux qui doivent la recueillir par la volonté de l'homme.

Lorsqu'au décès du testateur, il y aura des héritiers auxquels une quotité de biens sera réservée par la loi, ces héritiers seront saisis de plein droit par sa mort de toute la succession ; et l'héritier institué ou le légataire universel sera tenu de leur demander la délivrance des biens compris dans le testament.

Lorsque l'héritier institué ou le légataire universel se trouve ainsi en concurrence avec l'héritier de la loi, ce dernier mérite la préférence. Il est difficile que dans l'exécution cela puisse être autrement. Ne serait-il pas contre l'honnêteté publique, contre l'humanité, contre l'intention présumée du testateur ; que l'un de ses enfans, ou que l'un des auteurs de sa vie, fût, à l'instant de sa mort, expulsé de sa maison, sans qu'il eût même le droit de vérifier auparavant le titre de celui qui se présente ? Ce dernier aura d'autant moins droit de se plaindre de cette saisie momentanée, qu'il recueillera les fruits, à compter du jour du décès, si la demande en délivrance a été formée dans l'année.

Si l'héritier institué ou le légataire universel ne se trouve point en concurrence avec des héritiers, ayant une quotité de biens réservée par la loi, les autres parens ne pourront empêcher que ce titre n'ait toute sa force et son exécution provisoire, dès l'instant même de la mort du testateur.

Il suffit qu'ils soient mis à portée de vérifier l'acte qui les dépouille.

Si cet acte a été fait devant notaire, c'est celui qui, par ses formes, rend les surprises moins possibles ; et il se trouve d'avance dans un dépôt où les personnes intéressées peuvent le vérifier.

S'il a été fait olographe ou dans la forme mystique, des mesures ont été prises pour que les parens appelés par la loi aient toute la facilité de le vérifier, avant que l'héritier institué ou le légataire universel puisse se mettre en possession.

Les testamens faits sous l'une et l'autre forme devront être déposés chez un notaire commis par le juge : on assujétit l'héritier institué ou le légataire universel à obtenir une ordonnance d'envoi en possession : et cette ordonnance ne sera délivrée que sur la production de l'acte du dépôt.

Quant aux charges dont l'héritier institué et le légataire universel sont tenus, les dettes sont d'abord prélevées ; et conséquemment, s'il est en concurrence avec un héritier auquel la loi réserve une quotité de biens, il y contribuera pour sa part et portion, et hypothécairement pour le tout.

Il est une autre charge qui n'était pas toujours aussi onéreuse pour l'héritier institué que pour le légataire universel.

Dans les pays de droit écrit, l'héritier institué était autorisé à retenir, sous le nom de *falcidie*, le quart de la succession par retranchement sur les legs, s'ils excédaient la valeur des trois quarts.

Les testamens avaient toujours été considérés chez les Romains comme étant de droit politique plutôt que de droit civil ; et la loi prenait toutes les mesures pour que cet acte de magistrature suprême reçût son exécution. Elle présumait toujours la volonté de ne pas mourir *ab intestat.*

Cependant, lorsque le testateur avait épuisé en legs la valeur de sa succession, les héritiers institués n'avaient aucun intérêt d'accepter ; l'institution devenait caduque , et avec elle tombait tout le testament.

On présuma que celui qui instituait un héritier , le préférait à de simples légataires ; et l'héritier surchargé de legs fut autorisé, par la loi qu'obtint le tribun Falcidius , sous le règne d'Auguste , à retenir le quart des biens.

Cette mesure fut ensuite rendue commune à l'héritier *ab intestat,* et à ceux même qui avaient une légitime. Ce droit a été consacré par l'ordonnance de 1735.

Dans les pays de coutumes, il n'y avait point de pareille retenue au profit des légataires universels, lors même que les biens laissés par le testateur étaient tous de nature à être compris dans les legs. La présomption légale dans ces pays, était que les legs particuliers contenaient l'expression plus positive de la volonté du testateur, que le titre de légataires universels ; ceux-ci étaient tenus d'acquitter tous les legs.

Cette dernière législation a paru préférable ; les causes qui ont fait introduire la quarte *falcidie* n'existe plus. La loi, en déclarant que les legs particuliers seront tous acquittés par les héritiers institués ou les légataires universels, ne laissera plus de doute sur l'intention qu'auront eue les testateurs de donner la préférence aux legs particuliers : s'il arrive que des testateurs ignorent assez l'état de leur fortune pour l'épuiser en legs particulier, lo rsmême qu'ils institueraient un héritier, ou qu'ils nommeraient un légataire universel, la loi ne doit point être faite pour des cas aussi extraordinaires.

Il est une autre classe de legs connus sous le nom de *legs à titre universel*, non qu'ils comprennent, comme le legs dont ont vient de parler, l'universalité des biens, mais seulement, soit une quote-part de ceux dont la loi permet de disposer, telle qu'une moitié, un tiers, ou tous les immeubles, ou tout le mobilier, ou une quotité des immeubles, ou une quotité du mobilier.

Ces légataires, comme ceux *à titre particulier*, sont tenus de demander la délivrance ; mais il fallait les distinguer, parce qu'il est juste que ceux qui recueillent ainsi à titre universel une quote-part des biens de la succession, soient assujétis à des charges qui ne sauraient être imposées sur les legs particuliers. Telle est la contribution aux dettes et charges de la succession, et l'acquit des legs particuliers par contribution, avec ceux qui recueillent, sous quelque titre que ce soit, l'universalité des biens.

Lorsqu'il y aura un légataire à titre universel

d'une quotité quelconque de tous les biens., on devra mettre dans cette classe celui qui serait porté dans le même testament pour le surplus des biens, sous le titre de *légataire universel.*

Quant aux legs particuliers, on s'est conformé aux règles de droit commun, et on a cherché à prévenir les difficultés indiquées par l'expérience; il suffit de lire ces dispositions pour en connaître les motifs.

Il en est ainsi, et de celles qui concernent les exécuteurs testamentaires, et de la révocation des testamens ou de leur caducité.

La loi établit des règles particulières à certaines dispositions entre-vifs, ou de dernière volonté, qui exigent des mesures qui leur sont propres.

Telles sont les dispositions permises aux pères et mères, et aux frères ou sœurs, dont la sollicitude, se prolongeant dans l'avenir, leur aurait fait craindre que des petits-enfans ou des neveux ne fussent exposés à l'infortune par l'inconduite ou par les revers de ceux qui leur ont donné le jour.

Dans la plupart des législations, et dans la nôtre jusqu'aux derniers tems, la puissance paternelle a eu, dans l'exhérédation, un des plus grands moyens de prévenir et de punir les fautes des enfans. Mais en remettant cette arme terrible dans la main des pères et mères, on n'a songé qu'à venger leur autorité outragée, et on s'est écarté des principes sur la transmission des biens.

Un des motifs qui a fait supprimer le droit d'exhérédation, est que l'application de la peine à l'enfant coupable s'étendait à sa postérité innocente. Cependant cette postérité ne devait pas être moins chère au père équitable dans sa vengeance; elle n'en était pas moins une partie essentielle de la famille, et devait y trouver la même faveur et les mêmes droits.

Or, il n'y avait qu'un petit nombre de cas dans lesquels les enfans de l'exhérédé fussent admis à la succession de celui qui avait prononcé la fatale condamnation.

Ainsi, sous le rapport de la transmission des biens dans la famille, l'exhérédation n'avait que des effets funestes: la postérité la plus nombreuse d'un seul coupable était enveloppée dans sa proscription; et combien n'étaient-ils pas scandaleux dans les tribunaux, ces combats où, pour des intérêts pécuniaires, la mémoire du père était déchirée par ceux qui s'opposaient à l'exhérédation, et la conduite de l'enfant exhérédé présentée sous des traits que la cupidité cherchait encore à rendre plus odieux!

Cependant il fallait trouver un moyen de conserver à la puissance des pères et mères la force nécessaire, sans blesser la justice.

On avait d'abord cru que l'on pourrait atteindre à ce but, si on donnait aux pères et mères le droit de réduire l'enfant qui se rendrait coupable d'une dissipation notoire, au simple usufruit de sa p -

tion héréditaire, ce qui eût assuré la propriété aux descendans nés et à naître de cet enfant.

On avait trouvé les traces de cette disposition officieuse dans les lois romaines ; mais après un examen plus approfondi, on y a découvert la plupart des inconvéniens de l'exhérédation.

La plus grande puissance des pères et mères, c'est de la nature et non des lois qu'ils la tiendront. Les efforts des législateurs doivent tendre à seconder la nature et à maintenir le respect qu'elle a inspiré aux enfans : la loi qui donnerait au fils le droit d'attaquer la mémoire de son père, et de le présenter aux tribunaux comme coupable d'avoir violé ses devoirs par une proscription injuste et barbare, serait elle-même une sor l'attentat à la puissance paternelle ; elle tendrait à la dégrader dans l'opinion des enfans. Le premier principe dans cette partie de la législation est d'éviter, autant qu'il est possible, de faire intervenir les tribunaux entre les pères et mères et leurs enfans. Il est le plus souvent inutile et toujours dangereux de remettre entre les mains des pères et mères des armes que les enfans puissent combattre et rendre impuissantes.

C'eût été une erreur de croire que l'enfant réduit à l'usufruit de sa portion héréditaire, ne verrait lui-même que l'avantage de sa postérité, et qu'il ne se plaindrait pas d'une disposition qui lui laisserait la jouissance entière des revenus. Cette disposition officieuse pour les petits-enfans eût été contre leur père ainsi grevé, une véritable interdiction qui eût pu avoir sur son sort, pendant le reste de sa vie, une influence funeste. Comment celui qui aurait été proclamé dissipateur par son père même, pourrait-il se présenter pour des emplois publics ? comment obtiendrait-il de la confiance dans tous les genres de profession ?

N'était-il pas trop rigoureux de rendre perpétuels les effets d'une peine aussi grave, quand la cause pouvait n'être que passagère ?

Il a donc été facile de prévoir que tous les enfans, ainsi condamnés par l'autorité des pères et mères, se pourvoiraient devant les tribunaux ; et avec quel avantage n'y paraîtraient-ils pas ?

La dissipation se compose d'une suite de faits que la loi ne peut pas déterminer : ce qui est dissipation dans une circonstance ne l'est pas dans une autre. Le premier juge, celui dont la voix serait si nécessaire à entendre pour connaître les motifs de sa décision, n'existerait plus.

Serait-il possible d'imaginer une scène plus contraire aux bonnes mœurs, que celle d'un aïeul dont la mémoire serait déchirée par son fils réduit à l'usufruit, en même tems que la conduite de ce fils serait dévoilée par ses propres enfans ? Cette famille ne deviendrait-elle pas le scandale et la honte de la société ? et à quelle époque pourrait-on espérer que le respect des enfans pour les pères s'y rétablirait ? Il aurait donc bien mal rempli ses vues, le père de famille qui, en réduisant son fils à l'usufruit, n'aurait eu qu'une intention bienfaisante envers ses petits-enfans ; et s'il eût prévu les conséquences funestes que sa disposition pouvait avoir, n'eût-il pas dû s'en abstenir ?

La loi qui eût admis cette disposition eût encore été vicieuse en ce que la réduction à l'usufruit pouvait s'appliquer à la portion héréditaire en entier. C'était porter atteinte au droit de légitime, qui a été jusqu'ici regardé comme ne pouvant pas être réduit par les pères et mères eux-mêmes, si ce n'est dans le cas de l'exhérédation. Or, la dissipation notoire n'a jamais été une cause d'exhérédation, mais seulement d'une interdiction susceptible d'être levée quand sa cause n'existait plus.

Quoique la disposition officieuse, telle qu'on l'avait d'abord conçue, fût exposée à des inconvéniens qui ont empêché de l'admettre, l'idée n'en était pas moins en elle-même juste et utile. L'erreur n'eût pas été moins grande, si on ne l'eût pas conservée en la modifiant.

Il fallait éviter, d'une part, que la disposition ne fût un germe de discorde et d'accusations respectives, et, de l'autre, que la loi, qui soustrait une certaine quotité de biens aux volontés du père, ne fût violée.

Ces conditions se trouvent remplies, en donnant aux pères et mères la faculté d'assurer à leurs petits-enfans la portion de biens dont la loi leur laisse la libre disposition. Ils pourront l'assurer, en la donnant à un ou à plusieurs de leurs enfans; et ceux-ci seront chargés de la rendre à leurs enfans. Vous avez vu que la portion disponible laissée au père, suffira pour atteindre au but proposé : elle sera, eu égard à la fortune de chacun, assez considérable pour qu'elle puisse préserver les petits-enfans de la misère à laquelle l'inconduite ou les malheurs du père les exposeraient.

L'aïeul ne peut pas espérer de la loi une faculté plus étendue que celle dont il a besoin, en n'écoutant que des sentimens d'une affection pure envers sa postérité; et d'une autre part, la quotité réservée aux enfans est de droit public; sa volonté, quoique raisonnable, ne peut y déroger.

Lorsque la charge de rendre les biens est imposée, ce doit être en faveur de toute la postérité de l'enfant ainsi grevé, sans aucune préférence à raison de l'âge ou du sexe, et non-seulement au profit des enfans nés lors de la disposition, mais encore de tous ceux à naître.

Ce moyen est préférable à celui de *la disposition officieuse* : la réserve légale reste intacte : la volonté du père ne s'applique qu'à des biens dont il est absolument le maître de disposer ; elle ne peut être contestée ni compromise, elle ne porte plus les caractères d'une peine contre l'enfant grevé de restitution ; elle pourra s'appliquer à l'enfant dissipateur comme à celui qui déjà aura eu des revers de fortune, ou qui par son état y serait exposé.

Il est possible que les pères et mères qui sont seuls juges des motifs qui les portent à disposer ainsi d'une partie de leur fortune, avec la charge de la rendre, aient seulement la volonté de préférer à-la-fois l'enfant auquel ils donnent l'usufruit, et sa postérité. Mais la loi les laisse maîtres de disposer au profit de celui de leurs enfans qu'il leur plaît ; et on a beaucoup moins à craindre une préférence aveugle lorsque les biens doivent passer de l'enfant grevé de restitution à tous les petits-enfans, sans distinction, et au premier degré seulement.

C'est dans cet esprit de conservation de la famille que la loi proposée a étendu à celui qui meurt, ne laissant que des frères ou sœurs, la faculté de les grever de restitution, jusqu'à concurrence de la portion disponible, au profit de tous les enfans de chacun des grevés.

On voit que la faculté, accordée aux pères et mères de donner à un ou plusieurs de leurs enfans tout ou partie des biens disponibles, à la charge de les rendre aux petits-enfans, a si peu de rapports avec l'ancien régime des substitutions, qu'on ne lui en a même pas donné le nom.

C'est une substitution, en ce qu'il y a une transmission successive de l'enfant donataire aux petits-enfans.

Mais cela est contraire aux anciennes substi-

qui aient accepté, un seul pourra agir au défaut
des autres; et ils seront solidairement responsables du compte du mobilier qui leur a été confié,
à moins que le testateur n'ait divisé leurs fonctions,
et que chacun d'eux ne se soit renfermé dans celle
qui lui était attribuée.

323. Les frais faits par l'exécuteur testamentaire, pour l'apposition des scellés, l'inventaire,
le compte et les autres frais relatifs à ses fonctions, seront à la charge de la succession.

SECTION VIII.

*De la révocation des testamens, et de leur
caducité.*

324. Les testamens ne pourront être révoqués,
en tout ou en partie, que par un testament postérieur, ou par un acte devant notaire, portant
déclaration du changement de volonté.

325. Les testamens postérieurs qui ne révoqueront pas d'une manière expresse les précédens,
n'annulleront, dans ceux-ci, que celles des dispositions y contenues qui se trouveront incompatibles avec les nouvelles, ou qui seront contraires.

326. La révocation faite dans un testament postérieur aura tout son effet, quoique ce nouvel
acte reste sans exécution, par l'incapacité de l'héritier institué ou du légataire, ou par leur refus
de recueillir.

327. Toute aliénation, celle même par vente avec faculté de rachat ou par échange, que fera le testateur de tout ou partie de la chose léguée, emportera la révocation du legs pour tout ce qui a été aliéné, encore que l'aliénation postérieure soit nulle, et que l'objet soit rentré dans la main du testateur.

328. Toute disposition testamentaire sera caduque, si celui en faveur de qui elle est faite n'a pas survécu au testateur.

329. Toute disposition testamentaire, faite sous une condition dépendante d'un évènement incertain, et tel que, dans l'intention du testateur, cette disposition ne doive être exécutée qu'autant que l'évènement arrivera ou n'arrivera pas, sera caduque, si l'hériter institué ou le légataire décède avant l'accomplissement de la condition.

330. La condition qui, dans l'intention du testateur, ne fait que suspendre l'exécution de la disposition, n'empêchera pas l'héritier institué, ou le légataire, d'avoir un droit acquis et transmissible à ses héritiers.

331. Le legs sera caduc si la chose léguée a totalement péri pendant la vie du testateur.

Il en sera de même, si elle a péri depuis sa mort, sans le fait et la faute de l'héritier, quoique celui-ci ait été mis en retard de la délivrer, lorsqu'elle eût également dû périr entre les mains du légataire.

332. La disposition testamentaire sera caduque,

lorsque l'héritier institué ou le légataire la répudiera, ou se trouvera incapable de la recueillir.

333. Il y aura lieu à accroissement au profit des légataires, dans le cas où le legs sera fait à plusieurs, conjointement.

Le legs sera réputé fait conjointement, lorsqu'il le sera par une seule et même disposition, et que le testateur n'aura pas assigné la part de chacun des co-légataires dans la chose léguée.

334. Il sera encore réputé fait conjointement, quand une chose, qui n'est pas susceptible d'être divisée sans détérioration, aura été donnée par le même acte à plusieurs personnes, même séparément.

335. Les mêmes causes qui, suivant l'article 244 et les deux premières dispositions de l'article 245 du présent titre, autoriseront la demande en révocation de la donation entre-vifs, seront admises pour la demande en révocation des dispositions testamentaires.

336. Si cette demande est fondée sur une injure grave, faite à la mémoire du testateur, elle doit être intentée dans l'année, à compter du jour du délit.

CHAPITRE V.

*Des dispositions permises en faveur des petits-
enfans du donateur ou testateur, ou des enfans
de ses frères et sœurs.*

(*) 337. Les biens dont les pères et mères ont
la faculté de disposer, pourront être par eux donnés, en tout ou en partie, à un ou plusieurs de
leurs enfans, par actes entre-vifs ou testamentaires,
avec la charge de rendre ces biens aux enfans
nés et à naître, au premier degré seulement desdits donataires.

338. Sera valable, en cas de mort sans enfans,
la disposition que le défunt aura faite par acte
entre-vifs ou testamentaire, au profit d'un ou
plusieurs de ses frères ou sœurs, de tout ou partie des biens qui ne sont point réservés par la
loi dans sa succession, avec la charge de rendre
ces biens aux enfans nés et à naître, au premier
degré seulement, desdits frères ou sœurs donataires.

33g. Les dispositions permises par les deux articles précédens, ne seront valables qu'autant que

---

(*) Les petits-enfans et les enfans des frères et
sœurs du donateur n'étaient pas autrement traités
dans les lois *intermédiaires*, que les autres descendans ou collatéraux. Nous avons déjà exposé la
législation à l'égard de tous, pag. 148, à laquelle
nous renvoyons.

Mais si l'un des enfans était lésé de plus du quart, ou s'il résultait du partage et des dispositions faites par préciput, que l'un des enfans aurait un avantage plus grand que la loi ne le permet, l'opération pourra être attaquée par les autres intéressés.

Les démissions de biens étaient usitées dans une grande partie de la France. Il y avait, sur la nature de ces actes, des règles très-différentes.

Dans certains pays on ne leur donnait pas la force des donations entre-vifs, elles étaient révocables. Ce n'était point aussi un acte testamentaire, puisqu'il avait un effet présent. On avait, dans ces pays, conservé la règle de droit, suivant laquelle on ne peut pas se faire d'héritier irrévocable : il n'y avait d'exception que pour les institutions par contrat de mariage. On craignait que les parens eussent à se repentir de s'être trop abandonnés à des sentimens d'affection, et d'avoir eu trop de confiance en ceux auxquels ils avaient livré leur fortune.

Mais, d'un autre côté, c'était laisser dans les pactes de famille une incertitude qui causait les plus graves inconvéniens. Le démissionnaire qui avait la propriété sous la condition de la révocation, se flattait toujours qu'elle n'aurait pas lieu. Il traitait avec des tiers, il s'engageait, il dépensait, il aliénait ; et la révocation n'avait presque jamais lieu sans des procès qui empoisonnaient le reste de la vie de celui qui s'était démis, et

qui rendaient sa condition pire que s'il eût laissé
subsister sa démission.

On a supprimé cette espèce de disposition ; elle
est devenue inutile. Les pères et mères pourront,
dans les donations entre-vifs , imposer les conditions qu'ils voudront ; ils auront la même liberté
dans les actes de partage, pourvu qu'il n'y ait rien
de contraire aux règles qui viennent d'être exposées , et suivant lesquelles les démissions des
biens , si elles avaient été autorisées, eussent été
déclarées irrévocables.

Il est deux autres genres de donations qui toujours ont été mises dans une classe à part, et pour
lesquelles les règles générales doivent être mo-
difiées.

Ce sont les donations faites par contrat de mariage aux époux et aux enfans à naître de cette
union , et les donations entre époux.

Toute loi dans laquelle on ne chercherait pas
à encourager les mariages , serait contraire à la
politique et à l'humanité. Loin de les encourager,
ce serait y mettre obstacle si on ne donnait pas
le plus libre cours aux donations, sans lesquelles
ces liens ne se formeraient pas. Il serait même
injuste d'assujétir les parens donateurs aux règles
qui distinguent d'une manière absolue les donations entre-vifs des testamens. Le père qui marie
ses enfans s'occupe de leur postérité ; la donation
actuelle doit être presque toujours subordonnée
à des dispositions sur la succession future. Non-

seulement les contrats de mariage participent de la nature des actes entre-vifs et des testamens, mais encore on doit les considérer comme des traités entre les deux familles: traités pour lesquels on doit jouir de la plus grande liberté.

Ces principes sont immuables, et leurs effets ont dû être maintenus dans la loi proposée.

Ainsi les ascendans, les parens collatéraux des époux, et même les étrangers pourront, par contrat de mariage, donner tout ou partie des biens qu'ils laisseront au jour de leur décès.

Ces donateurs pourront prévoir le cas où l'époux donataire mourrait avant eux, et dans ce cas étendre leur disposition au profit des enfans à naître de leur mariage. Dans le cas même où les donateurs n'auront pas prévu le cas de leur survie, il sera présumé de droit que leur intention a été de disposer, non-seulement au profit de l'époux, mais encore en faveur des enfans et descendans à naître du mariage.

Ces donations pourront comprendre à-la-fois les biens présens et ceux à venir. On a seulement pris à cet égard une précaution dont l'expérience a fait connaître la nécessité.

L'époux auquel avaient été donnés les biens présens et à venir, avait, à la mort du donateur, le droit de prendre les biens existans à l'époque de la donation, en renonçant aux biens à venir, ou de recueillir les biens tels qu'ils se trouvaient au tems du décès. Lorsque le donataire préférait les

biens

biens qui existaient dans le tems de la donation
des procès sans nombre, et qu'un long intervalle
de tems rendait le plus souvent inextricables ,
s'élevaient sur la fixation de l'état de la fortune à
cette même époque. C'était aussi un moyen de
fraude envers des créanciers dont les titres n'a-
vaient pas une date certaine. La faveur des mariages ne doit rien avoir d'incompatible avec le
repos des familles et avec la bonne foi. Il est donc
nécessaire que le donateur, qui veut donner le
choix des biens présens ou de ceux à venir, an-
nexe à l'acte un état des dettes et des charges alors
existantes, et que le donataire devra supporter ,
sinon le donataire ne pourra, dans le cas où il
acceptera la donation , réclamer que les biens qui
se trouveront à l'époque du décès.

Les donations par contrat de mariage ; pourront
être faites sous des conditions dont l'exécution dépendra de la volonté du donateur. L'époux donataire est presque toujours l'enfant ou l'héritier du
donateur. Il est donc dans l'ordre naturel, qu'il se
soumette aux volontés de celui qui a autant d'influence sur son sort; et si c'est un étranger dont
il éprouve la bienfaisance, la condition qui lui
est imposée n'empêche pas qu'il ne soit pour lui
d'un grand intérêt de l'accepter.

Enfin un grand moyen d'encourager les donations par contrat de mariage, était de déclarer qu'à
l'exception de celles des biens présens , elles

* *Code des Successions. An XI.*　　　N

deviendraient caduques, si le donateur survit au donataire décédé sans postérité.

Toutes les lois qui ont précédé celle du 17 nivôse an 2, ont toujours distingué les donations que les époux peuvent se faire entr'eux, par leur contrat de mariage, de celles qui auraient eu lieu pendant le mariage.

Le mariage est un traité dans lequel les mineurs, assistés de leurs parens, ou les majeurs, doivent être libres de stipuler leurs droits, et de régler les avantages qu'ils veulent se faire. Les sentimens réciproques sont alors dans toute leur énergie, et l'un n'a point encore pris sur l'autre, cet empire que donne l'autorité maritale, ou qui est le résultat de la vie commune. La faveur des mariages exige que les époux aient, au moment où ils forment leurs liens, la liberté de se faire réciproquement, ou l'un des deux à l'autre, les donations qu'ils jugeront à propos.

Il en est autrement des donations que les époux voudraient se faire pendant le mariage.

Les lois romaines défendirent d'abord les donations entre époux, d'une manière absolue. On craignait de les voir se dépouiller mutuellement de leur patrimoine, par les effets inconsidérés de leur tendresse réciproque ; de rendre le mariage vénal, et de laisser l'époux honnête exposé à ce que l'autre le contraignît d'acheter la paix par des sacrifices, sous le titre de donations.

Cette défense absolue fut modifiée sous le règne d'Antonin, qui crut prévenir tous les inconvéniens en donnant aux époux la faculté de révoquer les donations qu'ils se feraient pendant le mariage.

Cette doctrine a été suivie en France, dans la plupart des pays de droit écrit.

Dans les pays de coutumes, on a conservé l'ancien principe de la défense absolue de toute donation entre mari et femme pendant le mariage, à moins que la donation ne fût mutuelle au profit du survivant : et encore cette espèce de donation était-elle, quant aux espèces et à la quantité de biens qu'elle pouvait comprendre, plus ou moins limitée.

Ces bornes ont été, dans la plupart des coutumes, plus resserrées dans le cas où, à l'époque de la dissolution du mariage, il existait des enfans, que dans le cas où il n'y en avait point.

En modifiant ainsi la défense absolue, il résultait que la condition de réciprocité ou de survie écartait toute intention odieuse de l'un des époux de s'enrichir aux dépens de l'autre, et que les bornes dans lesquelles ces donations étaient resserrées, conservaient les biens de chaque famille.

On a pris dans ces deux systêmes ce qui est le plus convenable à la dignité des mariages, à l'intérêt réciproque des époux, à celui des enfans.

Il sera permis à l'époux de donner à l'autre époux, soit par le contrat de mariage, soit pendant le mariage : dans le cas où il ne laisserait point de postérité, tout ce qu'il pourrait donner à un étranger ; et en outre l'usufruit de la totalité de la portion dont la loi défend de disposer au préjudice des héritiers directs.

S'il laisse des enfans, ces donations ne pourront comprendre que le quart de tous les biens en propriété et l'autre quart en usufruit, ou la moitié de tous les biens en usufruit seulement.

Toutes donations faites entre époux pendant le mariage, quoique qualifiées entre-vifs, seront toujours révocables ; et la femme n'aura pas besoin, pour exercer ce droit, de l'autorisation de son mari, ni de la justice.

Cette loi donnant la faculté de disposer, même au profit d'un étranger, de tous les biens qui ne sont pas réservés aux héritiers en ligne directe, il n'eût pas été conséquent qu'un époux fût privé de la même liberté vis-à-vis de l'autre époux, pendant le mariage. Tel est même l'effet de l'union intime des époux, que, sans rompre les liens du sang, leur inquiétude et leur affection se portent plutôt sur celui qui survivra, que sur les parens qui doivent lui succéder. On a donc encore suivi le cours des affections, en décidant que les époux, ne laissant point d'enfans, pourraient se donner l'usufruit de la totalité de la portion de biens disponibles.

Si l'époux laisse des enfans, son affection se

partage entr'eux et son époux ; et lors même
qu'il se croit le plus assuré que l'autre époux survivant fera de la totalité de sa fortune l'emploi le
plus utile aux enfans. Les devoirs de paternité
sont personnels, et l'époux donateur y manque-
rait s'il les confiait à un autre : il ne pourra donc
être autorisé à laisser à l'autre époux qu'une partie de sa fortune ; et cette quotité est fixée à un
quart de tous les biens en propriété, et un autre
quart en usufruit, ou la moitié de la totalité en
usufruit.

Après avoir borné ainsi la faculté de disposer,
il ne restait plus qu'à prévenir les inconvéniens
qui peuvent résulter des donations faites entre
époux, pendant le mariage.

La mesure adoptée dans la législation romaine
a paru préférable. On ne pourra plus douter que
les donations ne soient l'effet d'un consentement
libre, et qu'il ne faut les attribuer ni à la subor-
dination, ni à une affection momentanée ou in-
considérée, quand la femme n'aura besoin, pour
cette révocation d'aucune autorisation ; quand,
pour rendre cette révocation plus libre encore,
et pour qu'on ne puisse argumenter de l'indivisi-
bilité des dispositions du même acte, il est réglé
que les époux ne pourront pendant le mariage se
faire, par un seul et même acte, aucune donation mutuelle et réciproque.

Au surplus, on a maintenu cette sage disposition, que l'on doit encore moins attribuer à la

défaveur des seconds mariages, qu'à l'obligation où sont les pères ou mères qui ont des enfans, de ne pas manquer, à leur égard, lorsqu'ils forment de nouveaux liens, aux devoirs de la paternité. Il a été réglé que, dans ce cas, les donations au profit du nouvel époux, ne pourront excéder une part d'enfant légitime le moins prenant, et que, dans aucun cas, ces donations ne pourront excéder le quart des biens : il n'a pas été jugé nécessaire de porter plus loin ces précautions.

Tels sont, citoyens législateurs, les motifs de ce titre important du code civil. Vous avez vu avec quel soin on a toujours cherché à y maintenir cette liberté si chère, sur-tout dans l'exercice du droit de propriété; que si une partie des biens est réservée par la loi, c'est en faveur de parens unis par des liens si intimes, et dans des proportions telles qu'il est impossible de présumer que la volonté des chefs de famille en soit contrariée; qu'ils seront d'ailleurs les arbitres suprêmes du sort de leurs héritiers; que leur puissance sera respectée, et leur affection recherchée; qu'ils jouiront de la plus douce consolation, en distribuant à leurs enfans, de la manière qu'ils jugeront la plus convenable au bonheur de chacun d'eux, des biens qui sont, le plus souvent, le produit de leurs travaux; qu'ils pourront même étendre cette autorité bienfaisante et conservatrice jusqu'à une génération future, en transmettant à leurs petits-enfans ou à des enfans de

frères ou de sœurs, une partie suffisante de biens,
et les préserver ainsi de la ruine à laquelle les ex-
poserait la conduite ou le genre de profession des
pères et mères. Vous avez vu avec quel soin on a
conservé la faveur due aux contrats de mariage,
et que la liberté des époux, de disposer entr'eux,
sera plus entière; qu'ils seront sur ce point plus
indépendans l'un de l'autre; ce qui doit contribuer
à maintenir entr'eux l'harmonie et les égards.

Enfin, vous avez vu que par-tout on a cherché
à rendre les formes simples et sûres, et à faire
cesser cette foule de controverses qui ruinaient
les familles, et laissaient presque toujours les
testateurs dans une incertitude affligeante sur l'exécution de leur volonté.

C'est le dernier titre qui soit prêt à vous être
présenté dans cette session. Puisse l'opinion publique, sanctionner ces premiers efforts du gouvernement, pour procurer à la France un code
propre à régénérer les mœurs, à fixer les propriétés, à rétablir l'ordre, à faire le bonheur de
chaque famille, et dans chaque famille le bonheur
de tous ceux qui la composent!

Les lecteurs sont invités à consulter les deux *errata*, avant de lire l'ouvrage.

Fautes à corriger dans le 2e. volume.

Pag. 14, au lieu de § IV : lisez § II.
Pag. 28, supprimez *Observation importante*.
Pag. 56, après le § III, supprimez *ou en pays étranger*.
Pag. 92, ligne 7, au lieu de *deux* mois : lisez *quatre*.

Il s'est glissé une erreur dans la table qui précède le 1er. volume, page xxxiij, § 3, sect. IV, au lieu de *révocation* des créanciers : lisez *prérogatives*.

Pag. 10, même volume, 5e. ligne, au lieu de *Jérôme* : lisez *Jacques*.

Malgré tous les soins de l'auteur, il existe quelques erreurs de ponctuation dans le 1er. vol.; mais elles sont peu importantes, et peuvent être rectifiées à la simple lecture.

9 782019 256265